Andreas Gryphius

Leo Armenius

Andreas Gryphius: Leo Armenius

Berliner Ausgabe, 2016, 4. Auflage
Durchgesehener Neusatz mit einer Biographie des Autors bearbeitet und eingerichtet von Michael Holzinger

Entstanden 1646. Erstdruck: Straßburg (Heyden), 1652. Uraufführung 1651, Köln durch die Truppe des Joris Jollifous.

Textgrundlage ist die Ausgabe:
Andreas Gryphius: Werke in drei Bänden mit Ergänzungsband. Herausgegeben von Hermann Palm, Sonderausgabe mit Genehmigung des Verlages Anton Hiersemann (Stuttgart), Darmstadt: Wissenschaftliche Buchgesellschaft, 1961 [= Nachdruck der Ausgabe Tübingen 1878–1884]

Herausgeber der Reihe: Michael Holzinger
Reihengestaltung: Viktor Harvion

Gesetzt aus der Times New Roman, 10 pt

ISBN 978-1482523539

Leo Armenius

oder

Fürsten-Mord

Trauer-spiel

Guilielmo Schlegelio hereditario in Castayn et Mohringen, domino et amico colendo.

S.P.

Diræ furores noctis, et sacrum nefas
Ruentis aulae sceptra, calcato duce
Polluta raptu, Cæsaris undanti effera
Animata tabo busta, regnorum luem;
Tu, quem severis arbitrum curis legit,
Princeps deorum cura terrarum tremor,
Dignare vultu, quo soles vultus tui.
Mentemque Gryphi nulla sic faustam tibi
Caligo lucem turbet et fictos gemas
Tantum furores noctis ac scenae nefas.

Argentorati prid. Kalend. Novemb. Greg. Anni CIcIcCXLVI.

A. Gryphius.

Vorrede.

Großgünstiger leser.

Indem unser gantzes vaterland sich nunmehr in seine eigene aschen verscharret und in einen schauplatz der eitelkeit verwandelt, bin ich geflissen, dir die vergängligkeit menschlicher sachen in gegenwertigem und etlich folgenden trauerspielen vorzustellen. Nicht zwar, weil ich nicht etwas anders und dir vielleicht angenehmers unter händen habe, sondern weil mir noch dieses mahl etwas anders vorzubringen so wenig geliebet als erlaubet. Die alten gleichwol haben diese art zu schreiben nicht so gar geringe gehalten, sondern als ein bequemes mittel menschliche gemüther von allerhand unartigen und schädlichen neigungen zu säubern, gerühmet; wie zu erweisen unschwer fallen solte,wenn nicht andere vor mir solches weitläufftig dargethan und ich nicht eckel trüge, dieses zu entdecken, was niemand verborgen. Viel weniger bin ich gesonnen mit prächtigen und umschweiffenden vorreden dieses zu rühmen, was fremden urtheilen nuhmmehr untergeben wird. Böse bücher werden durch kein lob gebessert, und angeborne schönheit bedarff keiner schmincke. Gleichwol muss ich nur erinnern dass, wie unser Leo ein griechischer kaiser, also auch viel seinem leser auffweisen wird, was bey regierenden fürsten theils nicht gelobet, theils nicht gestattet wird. Den gantzen verlauff seines untergangs erklären umständlich Cedrenus und Zonaras, welche nicht nur von seinem tode schier mit einer feder schreiben, sondern auch so eigendlich alles entwerffen, dass nicht vonnöthen gewesen, viel andere erfindungen einzumischen.

Was man in selbigen örtern auf träume, gesichter, fremde bilder und derogleichen gehalten, weisen alle diese völcker geschichten aus; ja mir selbst ist noch vor wenig jahren ein ziemlich buch voll fremder gemälde zukommen, aus welchem etliche, denen das gehirne mit erforschung zukünfftiger dinge schwanger, nicht wenig (ihrer einbildung nach) von wieder eröberung der vorhin herrlichen, nunmehr (leider!) dienenden stadt, dem untergang des türcken, einigkeit der Christen in glaubenssachen und allgemeinen bekehrung der jüden gelernet. Darff derowegen niemand für gantz eitel halten, was gedachte Zonaras und Cedrenus und wir aus ihnen von etwa dergleichen buch erwehnen. Auch ist so unerhört nicht, dass man durch vorwendung geheimer offenbahrungen auffruhr und krieg stiffte, königgreich und zepter an sich reiße, ja gantze länder mit blut als einen neuen sündfluth überschwemme. Nicht nur Europa, gantz

Asien und Africa werden für ein beyspiel dieser warheit wol hundert geben, und in der neuen welt ist diese pest so wenig als bey uns neue, unter dem schein des gottesdienstes (wie Michael und seine bundgenossen) ungeheure mord und bubenstück ins werk zu richten. Dass der sterbende kayser bey vor augen schwebender todes-gefahr ein creutz ergriffen, ist unlaugbar; dass es aber eben dasselbe gewesen, an welchem unser erlöser sich geopffert, saget der geschichtschreiber nicht, ja vielmehr wenn man seine wort ansiehet, das widerspiel. Gleichwol aber, weil damahls die übrigen stücker des großen söhn-altares, oder (wie die griechen reden) die heiligen höltzer zu Constantinopel verwahret worden, haben wir der dichtkunst, an selbige sich zu machen, nachgegeben, die sonsten auf diesem schauplatz ihr wenig freyheit nehmen dürffen. Diejenigen, welche in diese ketzerey gerathen, als könte kein trauerspiel sonder liebe und bulerey vollkommen seyn, werden hierbey erinnert, dass wir diese den alten unbekandte meynung noch nicht zu glauben gesonnen und desselben werke schlechten ruhms würdig achten, welcher unlängst einen heiligen märterer zu dem kampff geführet und demselben wider den grund der wahrheit eine ehefrau zugeordnet, welche schier mehr mit ihrem bulen, als der gefangene mit dem richter zu thun findet und durch mitwürckung ihres vatern eher braut als wittbe wird. Doch um dass wir der selben gunst nicht gantz verlieren, versichern wir sie hiermit, dass aufs eheste unser Chach Abas in der bewehrten beständigkeit der Catharine von Georgien reichlich einbringen sol, was dem Leo nicht anstehen können, welcher, da er nicht von dem Sophocles oder dem Seneca auffgesetzet, doch unser ist. Ein ander mag von der ausländer erfindungen den nahmen wegreißen und den seinen darvor setzen, wir schließen mit denen worten, die jener weitberühmte und lobwürdigste welsche poet über seinen vördergiebel geschrieben:

Das haus ist zwar nicht groß, doch kenn't es mich allein;
Es kostet fremde nichts, es ist nur rein und mein.

Inhalt des trauer-spiels.

Michael Balbus, käyser Leonis Armenii oberster feldhauptmann, nach dem er zu unterschiedenen mahlen wegen seiner untreu und verleumbdungen angeklaget, verschweret sich wider den käyser, welcher ihn durch Exabolium, seinen geheimesten rath, offt von seiner leichtfertigkeit abzustehen ermahnet. Weil aber Michael auf seinem vorsatz verharret, wird er unversehens gefangen und von dem rath, in welchem der käyser selbst kläger und richter, zu dem feuer verdammet. In dem er aber zu dem holtzstoß geführet wird, verscheubt der käyser auf hefftiges anhalten seiner gemahlin Theodosia die straffe bis nach dem fest. Indessen sucht Michael alle mittel sich zu retten, und weil der käyser durch furcht und verwegenheit gereitzet, selbst zu nacht den kercker besuchet und ihn in purpur schlaffen findet, dreuet Michael, nach dem ihm solches durch einen wächter (welcher den käyser aus den gestickten schuen erkennet) zu wissen gethan, in höchster verzweiffelung den mit-verschwornen, dass er sie, dafern ihm nicht alsbald geholffen würde, entdecken wolle. Diese aber gelangen durch eine sondere list in die burg und erwürgen den käyser jämmerlich vor dem altar in dem I°CCCXX jahre nach unsers erlösers geburt, dem VII. aber und V. monat seiner regierung, wie kurtz zuvor Tarasii geist in einem gesichte verkündiget. Die historie erzehlen weitläufftiger Cedrenus und Zonaras in ihrem Leone und Michael Balbo.

Dieses trauerspiel beginnet den mittag vor dem heiligen christtage, wehret durch die nacht und endet sich vor auffgang der sonnen.

Der schauplatz ist Constantinopel und vornehmlich die käyserliche burg.

Personen des trauer-spiels

Leo Armenius, käyser von Constantinopel.

Theodosia, käyserliches gemahl.

Michael Balbus, oberster feldhauptmann.

Exabolius, des käysers geheimester.

Nicander, hauptmann über die leib-wache.

Phronesis, auffseherin über das käyserliche frauenzimmer.

Tarasius, geist des patriarchen von Constantinopel.

Die richter.

Die zusammen geschwornen, unter welchen der von Crambe.

Papias.

Die trabanten.

Der oberste priester.

Ein bothe.

Jamblichus, ein zauberer.

Ein diener dessen von Crambe.

Der höllische geist.

Ein wächter.

Ein trommeten-bläser.

Die reyen der hofe leute, jungfrauen und priester.

Stumme personen:

Der käyserin kammer jungfrauen.

Des käysers leib-diener.

Die nachrichter.

Ein knabe, welcher dem zauberer auffwartet.

Ein gespänste in gestalt Michaels, welches nebenst Tarasii geist dem käyser erscheinet.

Die erste abhandlung.

Erster eingang.

Michael Balbus, der von Crambe, die zusammen geschworne.

MICHAEL.
Das blut, das ihr umsonst für thron und cron gewagt,
Die wunden, die ihr schier auf allen gliedern tragt,
Der unbelohnte dienst, das sorgen volle leben,
Das ihr müsst tag für tag in die rappuse geben,
Des fürsten grimmer sinn, die zwytracht in dem stat,
Die zancksucht in der kirch und untreu' in dem rath,
Die unruh' auf der burg, o blumen aller helden!
Bestreiten meine seel und zwingen mich zu melden,
Was nicht zu schweigen ist! Wer sind wir? Sind wir die,
Vor den der barbar offt voll zittern auf die knie
Gesuncken, vor den sich so Pers als der entsetzet,
Der, wenn er fleucht, viel mehr als wenn er steht, verletzet?
Wer sind wir? Sind wir die, die offt in staub und noth
Voll blut, voll muth und geist gepocht den grimmen tod?
Die mit der feinde fleisch das große land bedecket,
Und Sidas umgekehrt und in den brand gestecket,
Was uns die waffen bot, und schlaffen jetzund ein,
Nun ieder über uns schier wil tyranne seyn?
Ihr helden, wacht doch auf! Kan eure faust gestehen,
Dass reich und land und stadt so wil zu grunde gehen,
Weil Leo sich im blut der unterthanen wäscht
Und seinen geld-durst stets mit unsern gütern lescht?
Was ist der hof nunmehr als eine mördergruben,
Als ein verräther-platz, ein wohnhauß schlimmer buben?
Wer artig pflaumen streicht und angibt, wen er kan,
Den zeucht man fürsten vor. Ein unverzagter mann,
Der ein gerüstet heer offt in die flucht geschlagen,
Steht unerkannt und schmacht. Was nutzt diß weiche klagen?
Nichts, wo ein weiber-hertz in eurem busen steckt;
Viel, wo ein helden-muth, den keine furcht erschreckt.
Wer zaghafft, hat von mir zu wenig angehöret;
Ein held; nur mehr denn viel. Hat doch ein weib verstöhret
Nicht unlängst, wie euch kund, die käyserliche macht;

Die mutter hat ihr kind vom stuhl in kärcker bracht,
Da es in höchster quaal das leben muste schließen,
Als ihm der augenpaar ward grimmigst ausgerissen.
Diß that ein schwacher arm. Was rühmen wir uns viel?
Iren' ist preisens werth.

CRAMBE.

Ha! längst gewünschtes spiel!
Schau held! hier ist ein schwerdt, und diese faust kan stechen
Und schneiden, wenn es noth, und printzen köpffe brechen.
Was ist ein printz? Ein mensch, und ich so gut als er!
Was mehr noch! Wann nicht ich, wenn nicht mein degen wär,
Wo bliebe seine cron? Die lichten diamanten,
Das purpur-güldne kleid, die schaaren der trabanten,
Der scepter tockenwerck ist eine leere pracht.
Ein unverzagter arm ists, der den fürsten macht,
Und wo es noth, entsetzt.

1. VERSCHWORENER.

O richter aller sachen!
Muss endlich deine rach aus ihrem traum erwachen?
So ists, sie tagt uns aus, wenn mans am mindsten denckt.
Wer ist, dem nicht bewust, was meine seele kränckt
Und hertz und leber nagt! Das redliche gemüthe,
Der mehr denn fromme fürst, das bild der linden güte,
Der traute Michael[1] must, als der löw entbrannt
Und ihn mit grimmer list und macht anrannt,
Ablegen stab und cron. Er ließ den purpur fahren
Und kiest ein härin kleid, in meynung, bey altaren
Den rest der kurtzen zeit zu lieffern seinem gott.
Nein, Leo der auf nichts entbrannt als mord und spott,
Er brach die einsamkeit und bannt aus kirch und reichen
Den, der sich vor ihm zwang vom stuhl in staub zu weichen.
Er must auf Proten zu. Der dieses große land
In sein gebiete schloss, den schloss ein enger sand,
Den ieden augenblick die wüste see abspület.
Sein sohn Theophilact,[2] was hat er nicht gefühlet,
Als man, was männlich war, von seinen lenden riss
Und ihm des brudern glied ins angesichte schmiss!
Brich an gewünschter tag, den so viel tausend thränen,
So mancher seuffzer macht, so viel betrübte sehnen
Herfordern! O brich an! Mein leben mag vergehn,
Kan nur mein fuß zuvor auf deinem kopffe stehn.
Du bluthund! du tyrann! Kan ich den frevel rächen,

So mag mich auf dem platz ein schneller spieß durchstechen!

2. VERSCHWORENER.

Er leide, was er that![3] Der tag bricht freilich an.
Wofern des menschen geist, was künfftig, rathen kan,
Wofern die weise seel kan aus dem kercker dringen,
In den sie fleisch und noth und zeit und arbeit zwingen,
Und durch die lüffte gehn, gefidert mit verstand,
So muss der wütterich durch treu-verknüpffte hand,
Eh als noch iemand denkt, dem schwerdt zur beute fallen.
Mich dünckt, ich höre schon die rach-trompet erschallen.

MICHAEL.

Was hat die red auf sich?

2. VERSCHWORENER.

Das prächtige gemach,
Das oben auf der burg von grund auf biss ans dach
Mit alabaster, ertz und marmor auffgeführet,
Wird nicht so sehr durch gold und reichen pracht gezieret,
Als hoher sinnen schrift. Manch altes pergament
Stellt uns die helden vor, die Pers und Scythe kennt,
Die vor das vaterland ihr leben auffgesetzet
Und in der feinde blut das stoltze schwerdt genetzet.
Was kan die feder nicht, die den das leben giebt,
An welchen todt und zeit hat ihre macht verübt!
Man kann der sonnen lauf, der sternen schnelles wesen,
Der kräuter eigenschafft auf tausend blättern lesen.
Der Griechen ihre kunst, der weiten länder art,
Und was ein mensch erdacht, wird in papier verwahrt.
Was mehr noch: wie man kan diß, was verborgen, wissen,
Und wie und wenn ein mensch sein leben werde schließen.
Vor andern hab ich offt, und zwar nicht sonder frucht,
Ein unbekanntes werck voll mahlerey durchsucht,
In welchem, wie man meynt, was ieder fürst getrieben,
Der diesen thron besaß, durch zeichen auffgeschrieben;
Wie lange dieses reich werd in der blüthe stehn;
Wie künfftig ieder printz werd auf und untergehn.
Da zeigt der augenschein die last, die itzt uns drücket,
Das mittel, das die noth, in der wir fest, entstricket.
Der zeiten umlauf giebts, was kirch und welt verletz'
Und aus der sichern ruh in schärfsten jammer setz'.
Der abriss stellt uns vor ein ebenbild des löuen
Der mit entbranntem muth und klauen scheint zu dreuen.
Er wirfft die förder-füß als rasend in die lufft,

Das haar fleugt um den kopff; ja das gemälde rufft
Von seiner grausen art, die hellen augen brennen,
Erhitzt von tollem zorn, die leffz' ist kaum zu kennen
Für schaum Und frischem Blut, das auff die erden rint,
Indem er biss auf biss und mord auf mord beginnt.
Was mag wohl klährer sein? Den starcken rücken zieret
Ein purpurrothes creutz. Der schlaue jäger führet
In mehr denn schneller faust ein scharff geschliffen schwerdt,
Das durch creutz, haut fleisch ins löwen hertz einfährt.
Ihr kennt das rauhe thier; das creutz ist Christus zeichen.
Eh sein geburtstag hin, wird unser löw erbleichen.

MICHAEL.
Ich wil der jäger sein! Wer für gut, ehr und land
Und leben mit mir steht, wer seinen geist zu pfand
Vor ruhm und freyheit setzt, wer muthig, was zu wagen,
Wer die so herbe last unlustig mehr zu tragen,
Wer rach und lohn begehrt, wer tod und ewigkeit
Mit füßen treten kan, der steh in dieser zeit
Mit rath und händen bey und helff auf mittel spühren,
Den anschlag ohn verzug und argwohn auszuführen!

CRAMBE.
Wir gehn, wohin du rufst.

MICHAEL.
Ich schwere leib und blut
Zu wagen für das reich und das gemeine gut.
Thut, was ihr nöthig acht!

CRAMBE.
Gib her dein schwerdt! Wir schweren,
Des fürsten grimme macht in leichten staub zu kehren.

Der ander eingang.

Leo Armenius. Exabolius. Nicander.

LEO.
So nimmt er weder rath noch warnung mehr in acht?

EXABOLIUS.
So ists. Vermahnen, bitt und dreuen wird verlacht.
Er laufft, wie wenn ein pferd die zügel hat durchrissen,
Wie eine strenge bach, wenn sich die ström ergießen
Und häuser, bäum und vieh hinführen in die see.
Er hat ein grösser werck, mit andern vorgenommen,

Sein muth wächst mehr und mehr, er (wo ichs recht versteh'),
Hat eines solchen wercks sich nunmehr unterwunden,
Als höchster meyneid kaum vor dieser zeit erfunden.

LEO.

Treu-loser aberwitz! durch wahn verführter mann!
Undank, dem laster selbst kein laster gleichen kann!
Durchteuffeltes gemüth! vermaledeyte sinnen!
Die keine redligkeit noch wolthat mag gewinnen!
Hab ich dich tollen hund vom koth in hof gebracht
Und auf selbst-eigner schoß berühmt und groß gemacht?
Hat uns die kalte schlang, die ietzund sticht, betrogen?
Ist dieser basilisc an unsrer brust erzogen?
Warum hat man dich nicht erwürgt auf frischer that?
Eh man die untreu nechst entdeckt dem großen rath?
Hat uns der hohe muth und der verstand bethöret?
Stärckt ich den arm, der sich nun wieder uns empöret?
Was ist ein printz doch mehr als ein gekrönter knecht,
Den ieden augenblick was hoch, was tieff was schlecht,
Was mächtig, trotzt und hönt, den stets von beyden seiten
Neid, untreu, argwohn, hass, schmertz, angst und furcht bestreiten?
Wem traut er seinen leib, weil er die lange nacht
In lauter sorgen theilt und für die länder wacht,
Die mehr auf seinen schmuck als rauen kummer sehen,
Und (weil ihn nicht mehr frey) was ruhm verdienet, schmähen?
Wen nimmt er auf den hof? Den, der sein leben wagt
Bald für, bald wieder ihn und ihn vom hofe jagt,
Wenn sich das spiel verkehrt. Man muss den todfeind ehren,
Mit blinden augen sehn, mit tauben ohren hören.
Man muss, wie sehr das hertz von zorn und eyfer brennt,
In worten sittsam sein und den, der regiment
Und cron mit füßen tritt, zu ehren-ämptern heben.
Wie offt ist diese schuld dem lästerer vergeben!
Wie offt! Was klagen wir! Hie hilfft kein klagen nicht,
Nur ein geschwinder rath.

NICANDER.

Brich, eh er um sich sticht!

LEO.

Stürb er ohn urtheil hin, wer würd ihn nicht beklagen!

NICANDER.

Der fürst muss nicht so viel nach leichten worten fragen.

LEO.

Ein leichtes wort richt offt nicht leichten auffruhr an.

Volck, hauptmann, ross und knecht sieht nur auf diesen mann.
EXABOLIUS.
Man stell ihn auf der burg gebunden für gerichte!
LEO.
Wie, wenn er wie vorhin, die klagen macht zu nichte?
EXABOLIUS.
Die aufflag ist zu klar.
LEO.
Nechst auch; doch kam er loß.
NICANDER.
Drum schnaubt er rach und mord.
LEO.
Sein anhang ist zu groß.
EXABOLIUS.
Wen man den kopff abschlägt, dem kan kein glied mehr schaden.
LEO.
Wir würden vieler hass und feindschaft auf uns laden.
EXABOLIUS.
Man sieht nach keinem hass, wenns cron und scepter gilt.
LEO.
Er hat sud, ost und west mit seinem ruhm erfüllt.
EXABOLIUS.
Itzt wird sud, ost und west verfluchen sein verbrechen.
LEO.
Wofern nur ost und west nicht seine straffe rächen!
EXABOLIUS.
Ein vogel fleucht den baum, auf den der donner schlägt.
LEO.
Der große, wüste wald wird durch den schlag bewegt.
EXABOLIUS.
Bewegt und auch erschröckt. Man lernt die klippen meiden,
An der ein fremder mast hat müssen schiffbruch leiden.
LEO.
Er hat des schwerdtes knopff, wir, leider! kaum die scheid.
EXABOLIUS.
Drum hand ab, eh er schmeist. Es heist: schneid oder leid!
LEO.
Wer wird die freche faust in eisen schließen können?
EXABOLIUS.
Wo keine stärcke gilt, muss man der list was gönnen.
NICANDER.
Man greiff ihn unversehns, so bald er herkommt, an!

LEO.
Ungerne stehn wir zu, was man nicht ändern kann.
Wir fühlen diß gemüth durch seine schuld bestritten;
Wir hören sein verdienst für sein verbrechen bitten.
Die übergroße gunst, die wir ihm offt erzeigt,
Der marmor harte muth, den kein ermahnen neigt,
Erhitzen unsern zorn. Uns jammert seine stärcke;
Doch unser geist entgrimmt, dafern wir seine wercke
Nur überhin besehn! Es muss gedonnert sein,
Nun ihn kein plitzen schreckt! Red ihm noch einmahl ein!
Er soll auf unser wort in dem pallast erscheinen.
Wo er zu ändern ist, wo, (wie wir kaum vermeinen)
Er seine schuld erkennt und den, den er verletzt,
Mit erster demuth ehrt, wird hier kein schwerdt gewetzt.
Wofern er, (wie gewohnt) das alte lied wil singen,
Nicander, mach ihn fest! Der stoltze kopff mag springen,
Der sich nicht beugen kan.

Der dritte eingang.

Nicander. Exabolius.

Nicht unverhoffter schluss,
Doch viel zu später ernst! Verzeih es mir, ich muss
Entdecken, was mich druckt. Der käyser ist zu linde
Und schertzt mit seinem heil. Wer, wenn die rauhen winde
Sich lägern um die gluth, den flammen zu wil sehn,
Biss es um gibell schon und höchstes dach geschehn
Rufft leider nur umsonst, wenn maur und pfeiler krachen
Und stein und marmor fällt. Die ertzverräther wachen;
Wir schlaffen sicher ein. Sie suchen unsern tod;
Wir sorgen vor ihr glück, und nun die grimme noth
Uns mit entblößtem schwerdt schon anlaufft zu bekriegen,
Sind wir bedacht, in traum mit worten sie zu wiegen.
Warum doch Exabol, spricht man den tauben zu?
Die schlange stopfft ihr ohr; der stahl schafft einig ruh
Dem käyser, dir und mir. Ich soll den mörder binden;
Warum nicht seine brust mit diesem dolch ergründen,
So ist sein pochen aus? Diß ist Nicanders rath:
Man lobt ein großes werck nur nach vollbrachter that.
EXABOLIUS.
Ich steh es gerne zu, dass sein verletzt gewissen

Durch nichts als blut und tod mög alle greuel büßen;
Doch wenn der straff ein mann zu theil kömmt unverhört,
Wird, wie befleckt er sey, er stets als fromm geehrt.

NICANDER.

Ihr meint durch langes recht die schnelle pest zu dämpffen,
Die augenblicklich wächst! Ihr meint mit recht zu kämpffen,
Indem er spieß ergreifft! Ser irrt, der einen tag
Dem nachsieht, dem er bald den nacken brechen mag.

EXABOLIUS.

Man wird nicht lange zeit mit rechten hier verlieren.

NICANDER.

Ich kan ein kürtzer recht mit diesem stahl ausführen.

EXABOLIUS.

Des käysers ruhm läst nicht so schnelle richter zu.

NICANDER.

Des käysers wohlfarth heischt und billicht, was ich thu.

EXABOLIUS.

Warum will man dem neid zu lästern anlass geben?

NICANDER.

Warum soll dieses haupt der auffruhr weiter leben?

EXABOLIUS.

Sein untergang ist dar, wo er nicht stracks umkehrt.

NICANDER.

Wo nicht sein schwerdt zuvor uns durch die hertzen fährt!

EXABOLIUS.

Dein eyfer ist zwar gut, Nicander, doch zu hitzig.

NICANDER.

Macht, Exabol, macht nicht den anschlag gar zu spitzig!
Er sticht uns sonst noch selbst.

EXABOLIUS.

Thu, was der käyser heist!
Besetze saal und hof! Wofern der freche geist
Nicht in die schranken will, so lass ihn stracks bespringen.

NICANDER.

Man muss die stärckste schaar in nächste zimmer bringen.

EXABOLIUS.

Bleib hinter dem tapett mit den trabanten stehn!

NICANDER.

Gar recht! so hör ich an, wie diß spiel aus will gehn.

Der vierdte eingang.

Exabolius. Michael Balbus.

MICHAEL.
Wo werd ich, Exabol, den käyser finden können?
EXABOLIUS.
Er wird, wie ich vermein, dir stracks verhöre gönnen.
MICHAEL.
Warum? wie ich vermein, was thut er ohne dich?
EXABOLIUS.
Er selbst thut, was ihn dünckt. Der käyser herrscht vor sich.
MICHAEL.
Wie so bestürtzt? so still? so einsam? so betrübet?
Wo geht der seuffzer hin? Hat er, den du geliebet,
Hat Leo, der nunmehr auch keiner freunde schont,
Mit ungunst, wie er pflegt, den langen dienst belohnt?
Er schweigt? Er kehrt sich um! Was gilts, ich hab es troffen!
Hat einer denn nicht mehr als solchen danck zu hoffen,
Der sich in heiße noth und tieffen kummer stürtzt,
In dem der fürst die zeit mit tausend listen kürtzt?
Er schwimmt in einer see mehr denn gewünschter wonne,
Weil wir in eisen stehn und leiden staub und sonne,
Und wider feind und lufft und land zu felde ziehn.
Wir wagen unser blut; wann heere vor uns fliehn,
Dann heists: der käyser thats; man füllt die siegeszeichen
Mit seinen titteln aus. Wenn wir im graß erbleichen,
Denn deckt man unsern ruhm und stärck und muth und stand
Und thaten und verdienst mit einer hand voll sand.
Bringt man den müden leib, die wunden-vollen glieder,
Den halb zustückten kopff und brust nach hofe wieder,
So schaut er uns, als die, so ihm geborget, an,
Und wo ein schlimmer stand, den niemand führen kan,
Wo ein verzweiffelt ort, den keiner weiß zu halten,
Wo ein gefährlich amt, das heist man uns verwalten
Und setzt um kundschafft uns verräther an die seit,
Dass hier mehr furchts und noths, als in dem grimsten streit,
Biss dass man was versiht, biss dass der printz was glaubet;
Denn wird uns ehr und gut mit sammt dem haupt geraubet!
EXABOLIUS.
Mein freundt! der freye mund bringt dich in höchste noth.

Wo fern uns iemand hört, so bist du lebendt todt.
MICHAEL.
Diß klag ich, dass nicht mehr erlaubet auszusprechen,
Was leider mehr denn wahr. Man schätzt für ein verbrechen,
Daß schwerdt und pfahl verdient, ein unbedachtes wort.
Wo ist die freyheit hin? die freyheit, derer ort
Ein honig süßer mund, ein schmeichler eingenommen,
Der durch sein heucheln ist auf diese stelle kommen,
Die meine faust erwarb! Ich spey mich selber an,
Dass ich diß krumme spiel so lange schauen kan.
Der mensch, der sich durch list hat in den thron gedrungen
(Wie erd und sonne weiß), der keinen feind bezwungen,
Als durch ein fremdes schwerdt, der kein anbringen hört,
Das etwas unsanfft ist, der ohrenbläser ehrt
Und tugend unterdruckt und redligkeit verdencket
Und sich mit fremder furcht und falschem argwohn kränket,
Der nie ein fremdes volck mit stahl und glut verderbt
Und stets die klau'n im blut der Byzantiner färbt,
Der sich von jedem knecht und buben läst regieren
Und schändlich um das licht als mit der nasen führen,
Der ists, den du und ich mit zittern müssen schaun!
Der ists, dem wir das reich und gut und halß vertraun!
Wie lange wird uns noch furcht, wahn und schrecken bländen?
Da fern du wilst, was ich, so steht in diesen händen
Das ende solcher noth.
EXABOLIUS.
Der anfang neuer pein!
Ich bitte, was ich mag.
MICHAEL.
Stell alles bitten ein
Und thu, was deiner ehr und tapfferkeit gebühret!
EXABOLIUS.
Ich thu, was freundschafft heist. Wer einem der verführet,
Den rechten weg entdeckt, wer einen mann erhält,
Der nach dem abgrund eilt, und disem, der nun fält,
Sich selber unterlegt, thut mehr denn zu begehren.
Du suchst, was man durch blut, durch würgen und verheren
Und flamm' und tod kaum find. Eh' geh die stoltze ruh
Der sichren länder ein! Rufft schild und spiß herzu!
Setzt alle schwerdter an! Kanst du ohn argwohn glauben,
Dass alle, nicht vor sich, nur dir zu nutze rauben?
Noch mehr! wer fällt uns bey? Vier hände thun es nicht!

Viel können, wenn ein mund nicht aller treu bricht.
Gesetzt auch, dass wir schon mit tausend heeren dringen
Ins käyserliche schloss und hoff und stadt bespringen,
Würd Leo wol allein ohn schwerdt und tartsche stehn?
Nein! sicher, die nunmehr an seiner seiten gehn,
Die seine macht erhub, und die durch ihn nur leben,
Die müssen hertz und halß für seine crone geben.
Warum? sein untergang würd' ihr verderben seyn.
Auch der, dem was er schafft, geht trefflich bitter ein,
Der stets nach neuer zeit und neuen herren flehet
Und nur lobt, was man hofft, was gegenwärtig, schmähet,
Der nichts denn seine faust und von rost rothen spieß,
Und was der harte Pers in jener schlacht verließ,
Herschnarchet, der tyrann und printzen keck zu tödten,
Wenn man mit gläsern schantzt bey vollen nachtpancketen,
Zerschmeltzt voll heißer angst, wenn die trompet erwacht,
Wenn man den schild ergreifft und in dem harnisch kracht.
Viel wündschen nur die macht des fürsten zu beschneiden,
Nicht gäntzlich abzuthun. Viel können fremde leiden;
Mehr nur ihr eigen blut. Die ungewisse macht
Der waffen geht nicht fest; wer auf den satz der schlacht
Um throne spilen wil, kan durch die schlacht verschwenden
Diß, was er sucht und hofft und schon hat in den händen,
Ja finden angst und ach und schmertzenvolle noth,
Und nach erlangter quaal den jammer-port, den tod!
Der himmel selber wacht vor die gekrönten haare
Und steht dem scepter bey. Die ringen nach der baare
Und nehmen unverhofft ein schnell und schrecklich end,
Die das besteinte gold der schweren crone blendt.
Bedenck auch, was es sey, vor so viel tausend sorgen
Stets als gefangen gehn, wenn der bestürtzte morgen
Die angst der welt entdeckt, anhören, was das schwerdt
Der Persen niederwirfft; wohin der Scyten pferd
Den schnellen fuß einsetzt; was Susa vorgenommen;
Wie weit der barbar sey; wie weit der Gothe kommen;
Itzt dass der Hunnen grimm schon durch den Ister setzt,
Dass Cypern frembde sey, dass Asien verletzt,
Dass Colchus neue ränck und Pontus list ersinne;
Bald, dass der stoltze Franck in Griechenland gewinne;
Dass Taurus nicht mehr treu. Itzt heischt die große stadt,
Die königin der welt, was man zu hoffen hatt.
Itzt schickt uns Illiris, bald Sparten abgesandten;

Bald fordert Nilus hülff, und unsre bunds-verwandten
Entdecken, was sie druckt; bald rufft das heer nach sold,
Die länder wegern korn, den städten mangelt gold.
Itzt will der wellen schaum biss an die mauren fließen;
Itzt will des himmels neid die äcker nicht begießen;
Der strenge Titan sengt mit glüend heißem licht
Die dürren garben weg; die erde selber bricht
Und will nicht länger stehn, wenn Hemus gipffel zittert,
Wenn sich die hohe last der schweren thürn erschüttert
Und tempel und altar und burg und hof und hauß
In einem augenblick verdeckt mit kalck und grauß.
Itzt heckt die faule lufft geschwinde pestilentzen
Und steckt die länder an; bald streiffen auf den gräntzen
Die, so nur raub ernährt; bald bringt man auf die bahn,
Gereitzt durch aberwitz und dünckel-vollen wahn,
Ein unerhörte lehr, (o seuche dieser zeiten!)
Die mächtig, gantze reich und völcker zu verleiten,
Dass sich des pfeilers grund, der cron und infell trägt
Und creutz und scepter stutzt, erschüttert und bewegt.
Diß geht nicht ieden an, doch ieder hat zu leiden
Vor sich sein eigen theil. Der fürst kan nichts vermeiden;
Er fühlt die gantze last. Wenn einer was verbricht,
Der ihm zu dienste steht, den fürcht der pöbel nicht,
Die schuld, wie groß sie war, dem printzen zuzuschreiben.
Kan etwas, was er schafft, wohl ungetadelt bleiben?
Er zagt vor seinem schwerdt. Wenn er zu tische geht,
Wird der gemischte wein, der in crystalle steht,
In gall und gifft verkehrt. Alsbald der tag erblichen,
Kommt die beschwärzte schaar, das heer der angst geschlichen,
Und wacht in seinem bett. Er kan in helffenbein,
In purpur und scharlat niemahl so ruhig seyn
Als die, so ihren leib vertraun der harten erden.
Mag ja der kurtze schlaff ihm noch zu theile werden,
So fällt ihn Morpheus an und mahlt ihm in der nacht
Durch graue bilder vor, was er bey lichte dacht,
Und schreckt ihn bald mit blut, bald mit gestürtztem throne,
Mit brandt, mit ach und tod und hingeraubter crone.
Wilst du mit dieser bürd abwechseln deine ruh?
Warum? Dir scheust der strom der höchsten güter zu.
Verlangt dich auch nach ruhm? Du bist so hoch gestiegen,
Dass du das gantze reich schaust dir zu fuße liegen.
Des krieges große macht beruht in deiner hand.

Wer nach des käysers schloss von printzen wird gesandt,
Läst sich bey dir und denn durch dich bei hof antragen.
Der fürst kan andern wohl, du kanst dem fürsten sagen.
Leid etwas über dir! Der, den der ehrgeitz jagt,
Der sich ins weite Feld der leichten lüffte wagt
Mit flügeln, die ihm wahn und hochmuth angebunden,
Ist, eh als er das ziel, nach dem er rang, gefunden,
Ertruncken in der see. Zwar Phaeton ergriff
Die zügel; aber als der strenge wagen lieff
Und Niger, Phrat und Nil' in lichter flamme schmachten,
Als schon die donnerkeil auf seinem kopff erkrachten,
Verflucht er, doch zu spät, die hochgewünschte macht.

MICHAEL.

Diß rede kindern ein! Ein helden geist, der lacht
Diß leichte schrecken aus. Ein mann wird, mag er leben
Nur einen tag, gekrönt in höchste noth sich geben.
Diß was unmöglich scheint, wird möglich, wenn man wagt.
Man schätzt die scepter schwer, doch legt sie, der es klagt,
Nicht ungezwungen hin. Ist wohl ein stand zu finden,
Den nicht sein eigne pein mit kummer muss umwinden?
Furcht schwebt sowohl um stroh und leinwand, als scarlat.
Wenn Phocas, wenn Iren gebillicht deinen rath,
Sie würden nimmermehr die cron ergriffen haben.
Wenn Leo selbst so tieff ein iedes ding durchgraben,
Wenn ihn die leichte furcht so weibisch abgeschreckt,
Wär ietzt wohl Michael ins härne kleid versteckt?

EXABOLIUS.

Wenn Phocas, wenn Iren sich mehr in acht genommen,
Wär er wohl um den leib und sie ins kloster kommen?
Wenn diß Leont was mehr und öffter übersehn,
Hätt er nicht auf dem platz, umbringt mit hohn und schmehn
Und marter, angst und ach den geist austoßen müssen.

MICHAEL.

Hät ihn Justinian getreten ie mit füßen?
Hätt er die Bulgarey zu seinem heil bewegt,
Wenn er die zarte faust sanfft in die schos gelegt?

EXABOLIUS.

Er stund nach seinem reich, aus dem er war vertrieben.

MICHAEL.

Wer deinem rath gefolgt, wär in dem elend blieben.

EXABOLIUS.

Er war durch falsche list und auffruhr ausgejagt.

MICHAEL.
Glaubt man, dass Michael nicht über auffruhr klagt?
EXABOLIUS.
Er gab das willig hin, was ihn zu sehr gedrücket.
MICHAEL.
Ja, als ihn Leo schier in dem pallast bestricket.
EXABOLIUS.
Er konte keinem feind gewaffnet widerstehn.
MICHAEL.
Drum lernt er aus dem hof ins wüste kloster gehn.
EXABOLIUS.
Da must ein held das reich, das schon erkrachte, stützen.
MICHAEL.
Warum nicht itzt, nun schon die stütze nicht wil nützen?
EXABOLIUS.
Was ist, das man mit recht und warheit tadeln kan?
MICHAEL.
Diß, dass der käyser nie, was lobens werth, gab an.
EXABOLIUS.
Man sieht das große reich in stillem friede blühen.
MICHAEL.
Weil ich, nicht Leo, must gerüst zu felde ziehen.
EXABOLIUS.
Der vorrath kömmt ins land mit segel-reichem wind.
MICHAEL.
Weil Ister und der Pont durch mich versichert sind.
EXABOLIUS.
Der Perse schenckt uns gold.
MICHAEL.
Das ich ihm abgezwungen.
EXABOLIUS.
Der raue Scythe ruht.
MICHAEL.
Er ist durch mich verdrungen.
Was legt man andern zu, was ich zuwege bracht?
Sein leben, seine cron steht unter meiner macht.
EXABOLIUS.
Ich bitte nicht zu hoch!
MICHAEL.
Noch höher! Solt ich schweigen?
Vor mir muss Franc und Thrax die stoltzen häupter neigen.
Mich fürcht der Hellespont; vor mir erschrickt die welt,

Die ewig steter frost in eyß gefangen hält.
Der weißbezähnte mohr entsetzt sich vor den thaten,
Die meine faust verübt; die in Cyrene braten,
Erzehlen meine werck und meiner palmen ehr.
Ihr hättet, (wäre ich nicht) was? keinen käyser mehr!
Ich hub ihn auf den thron, als Michael geschlagen;
Ich zwang ihn, dass er sich must in den anschlag wagen;
Und bin ich nicht mehr der, der Ich vor diesem war?
Mein leben ist sein heil, mein dräuen seine bar;
Sein scepter, cron und blut beruht auf diesem degen,
Der mächtig, seine leich ins kalte grab zu legen,
Der, nun er ein tyrann und schwartzen argwohns voll,
Ihm durch den grimmen brunn der adern dringen sol.

Der fünffte eingang.

Nicander. Michael. Die trabanten. Exabolius.

NICANDER.
Gib dich.
MICHAEL.
Was habt ihr vor?
NICANDER.
auffs käysers wort gefangen!
MICHAEL.
Verräther!
NICANDER.
Scheub auf uns, was Michael begangen!
MICHAEL.
Wie?
NICANDER.
Reißt den degen hin!
MICHAEL.
Mir?
NICANDER.
alsobald!
MICHAEL.
Mein schwerdt,
Das euren leib beschützt?
NICANDER.
Und unsern tod begehrt.

MICHAEL.
Hilff himmel! was ist diß!
NICANDER.
Was du dir vor genommen,
Ist nunmehr, zweifle nicht, zu letztem ziele kommen.
Bringt ketten!
MICHAEL.
Ketten? mir?
NICANDER.
Dir, mörder!
MICHAEL.
Ketten? nein!
Ich wil, und ob ich sterb, auch ungebunden sein.
NICANDER.
Dein wollen hat ein end.
MICHAEL.
Ha! diener des tyrannen!
Geht henker!
TRABANTEN.
Mörder komm!
MICHAEL.
Wolt ihr in fessel spannen
Den, der für euer blut und freyheit hat gewacht?
TRABANTEN.
Er ringt nun mit dem schlaff.
MICHAEL.
Ach! werd ich hier verlacht,
Vor dem die erd erbebt? Wisst ihr, wen ihr verhönet?
TRABANTEN.
Den, welcher selbst zu früh sich in Bizantz gekrönet.
MICHAEL.
Was hetzt euch auf mich an?
TRABANTEN.
Dein ungerechte pracht,
Dein eigen mund.
MICHAEL.
Verflucht, der sich zum sclaven macht,
Dafern er herrschen kan! Du führst mich in die bande,
Durchaus vergällte seel! Abgrund der ärgsten schande!
Hof-heuchler! Doppelsinn! Mordstiffter! Lügenschmied!
Was hindert mich, dass ich nicht rasend glied von glied
Dir basilisce zieh und eyl in staub zu treten

Den schlauen natterkopff! Was hindert mich?
TRABANTEN.
Die ketten.
EXABOLIUS.
Die gruben zeigt ich dir.
MICHAEL.
Du zeigtest mir den tod!
EXABOLIUS.
Ich warnte, doch umsonst! Ich schreckte mit der noth;
Doch galt mein retten nicht.
MICHAEL.
Drum muss dein schelmstück gelten.
EXABOLIUS.
Man kan, wenn lästern frey, die tugend selbst ausschelten.
Mich spricht die unschuld loß.
MICHAEL.
Ha! schweig tyrannen-knecht.!
Wo bin ich! Himmel hilff! Wo schläfft das große recht?
Gebunden, nicht verklagt! Verdammt, doch nicht verhöret!
Verrathen durch den freund. Den, den der barbar ehret,
Erwürgt der blut-fürst! Ach!
TRABANTEN.
Fort, fort!
TRABANTEN.
Hier gilt kein fliehn!
MICHAEL.
Doch bleib ich allzeit mein! Man soll mich ehr zerziehn,
Als ziehn, gieng ich nicht selbst.
TRABANTEN.
Stoß zu!
MICHAEL.
Ja stoß den degen,
Stoß hencker durch mein hertz! weil sich die glieder regen,
Ist Michael noch frey. Schleifft! würget! dringt und schmeißt!
Schlagt! bindet! ich bin frey. Druckt! martert! renckt und reißt!
Ich wil diß (stünd ich gleich in lichtem schwefel) melden:
Dass diß der tugend lohn und letzte danck der helden.

Reyen der höflinge.

Satz.

Das wunder der natur, das überweise thier,
Hat nichts, das seiner zungen sey zu gleichen.
Ein wildes vieh entdeckt mit stummen zeichen
Des innern hertzens sinn; durch reden herrschen wir!
Der thürme last, und was das land beschwert,
Der schiffe bau, und was die see durchfährt,
Der sternen große krafft,
Was lufft und flamme schafft,
Was Chloris läst in ihren gärten schauen,
Was das gesetzte recht von allen völckern wil,
Was Gott der welt ließ von sich selbst vertrauen,
Was in der blüthe steht, was durch die zeit verfiel,
Wird durch diß werckzeug nur entdecket.
Freundschafft, die todt und ende schrecket,
Die macht, die wildes volck zu sitten hat gezwungen,
Des menschen leben selbst beruht auf seiner zungen.

Gegensatz.

Doch nichts ist, das so scharff, als eine zunge sey!
Nichts, das so tieff uns arme stürtzen könne!
O dass der himmel stumm zu werden gönne,
Dem, der mit worten frech, mit reden viel zu frey!
Der städte grauß, das leichen-volle feld,
Der schiffe brandt, das meer durch blut verstellt,
Die schwartze zauberkunst,
Der eiteln lehre dunst,
Die macht, durch gifft den Parcen vorzukommen,
Der völcker grimmer hass, der ungeheure krieg,
Der zanck, der kirch und seelen eingenommen,
Der tugend untergang, der grimmen laster sieg
Ist durch der zungen macht gebohren,
Durch welche lieb und treu verlohren.
Wie manchen hat die zung in seine grufft verdrungen!
Des menschen tod beruht auf iedes menschen zungen.

Zusatz.

Lernt, die ihr lebt, den zaum in eure lippen legen,
In welchen heil und schaden wohnet,
Und was verdammt und was belohnet!
Wer nutz durch worte sucht, sol iedes wort erwegen.
Die zung ist dieses schwerdt,
So schützet und verletzt;

Die flamme, so verzehrt
Und eben wol ergetzt,
Ein hammer, welcher baut und bricht,
Ein rosenzweig, der reucht und sticht,
Ein strom, der tränncket und erträncket,
Die artzney, welch erquickt und kräncket,
Die bahn, auf der es offt gefehlet und gelungen.
Dein leben, mensch! und todt hält stets auf deiner zungen!

Die andere abhandelung.

Der erste eingang.

Leo. Michael. Die richter.

Wer auf die rauhe bahn der ehren sich begiebt
Und den nicht falschen schein der wahren tugend liebt;
Wer vor sein vaterlandt nur sterben wil und leben
Und meynt verdienten danck von iemandt zu erheben;
Wer sich auffs schwache gold des schweren scepter stützt
Und auf die hertzen baut, die er in noth geschützt,
Die er aus schnödem staub in höchsten ruhm gesetzet:
Der komm und schau uns an! Hatt uns ein licht ergetzet
Von erster jugend an, da man den spiß ergriff
Und in die dicke schaar der grimmen feinde lieff,
Da wir mit blut besprützt, voll ruhms-verdienter wunden,
Verschrenkt mit stahl und tod den ersten preiß gefunden:
Da funden wir auch neid. Wer mit entblöstem schwerdt
Der Römer heer getrotzt, wer länder umgekehrt,
Die unser schild bedeckt, erschrack ob unsern siegen.
Wer neben uns um lob must in den zelten liegen
Und suchen, was uns ward, verkleinerte die schlacht,
Die palm und lorberkräntz auf dieses haupt gebracht.
So wird die erste flamm, eh'r sie sich kann erheben,
Mit dunckel vollem dunst und schwartzem rauch umgeben,
Biss sie sich selbst erhitzt und in die bäume macht,
Dass der noch grüne wald in lichtem feur erkracht.
Doch wie der scharffe nord die glut mit tollem rasen,
In dem er dämpffen wil, pflegt stärcker auffzublasen;
Wie ein großmüthig pferd, wenn es den streich empfindt,
Durch sand und schrancken rennt, so hat der strenge wind
Der missgunst uns so fern, (trotz dem es leid) getrieben,
Biss unter diesem fuß sind feind und freunde blieben,
Biss Thrax und Saracen und Pontus unsern fleiß
Und stets bewehrten arm und kummer vollen schweiß
Mit urtheil angeschaut. Der Agarener hauffen
(Das schrecken diser zeit) begunten anzulaufen,
Was römisch sich erklärt; das hochbestürtzte land
Erzitterte vor angst, als der geschwinde brand

Der waffen uns ergriff! Wer hat sich nicht entsetzet,
Als auch ein held erblast! Doch uns hat nie verletzet
Verzagter furchten blitz. O tag! berühmter tag!
Den diß, was athem zeucht, was künfftig, preisen mag!
In welchem diese faust der väter siegeszeichen
Gleich in dem fall erhielt, da mit zwey tausend leichen
Der arm der grimmen pest der erden dargethan,
Dass tugendhafftes glück halt unter unser fahn.
Doch als diß milde blut das große land gebauet,
Hat uns der käyser selbst missgünstig angeschauet,
Und als dem Bulgar uns das reich entgegen schickt,
Uns beystand, sold dem volck, sich selbst dem thron entzückt.
Wahr ist es, Crummus hat das feld mit mord beflecket
Und flammen in die saat, glut in die stadt gestecket,
Doch durch nicht unsre schuld. Es war nunehr geschehn!
Das unterdruckte volck begundt auf uns zu sehn,
Der, der ietzt vor euch steht, zwang mit entblößtem degen
Uns diß besteinte kleid, den purpur anzulegen,
Wie hoch wir uns gewehrt! der käyser stund es zu
Und sandte von sich selbst uns die gestickten schuh.
Wir haben denn die bürd auf disen halß geladen,
Die unerträglich schien; wir haben schmach und schaden
Und unruh abgethan, den Bulgar ausgetagt,
Den Agaren gedämpfft, der Scythen heer gejagt.
Der stoltze Crummus kam mit so viel tausend heeren,
Als wolt er see und land wie jener Pers auffzehren;
Doch lehrt ihn unser schwerdt, dass eines helden muth
Mehr mächtig denn der blitz, denn die geschwinde fluth
Des strengen Isters geh, als auch zwölff tausend hauffen,
Erschreckt durch einen mann, versuchten durchzulauffen.
Sein elend stellt ihm vor, was römisch fechten sey,
Als er voll wunden fiel, als ihn die ohnmacht frey
Von unserm degen macht. Wem haben wir versaget.
Was sitt und recht versprach? Wer hat umsonst geklaget,
Weil dieses haar gekrönt? Wurd iemand nicht ergetzt,
Der seine noth entdeckt? Wen hat diß schwerdt verletzt,
Den es nicht schuldig fand? das dieser offt verschonet,
Nach den die straffe griff? Blieb einer unbelohnet,
Der uns zu dienste stund? Doch sucht man unsern tod
Und wetzt das schwerdt auf den, dem in des landes noth
Gott, priester und gesicht den hohen thron versprochen!
Und du, du Michael, hast eyd und treu gebrochen

Dem, dem du stand und ehr und dich zu dancken hast!
Treuloser! Haben wir dich auf die schoß gefast?
Verräther! Aus dem koth hat dich der arm erhaben.
Undanckbar hertz! Hat dich die faust mit tausend gaben,
Meineydig mensch! bestreut? Gab ich, dir hund! das schwerdt,
Das du von meinem feind auf diese brust gekehrt?
Vergab man, mörder! dir so offt dein freches wütten,
Das dir den grimm erlaubt auf einmahl auszuschütten?
Hat unsre langmuth diß, hat unsre gunst verdient,
Dass du, verfluchter! dich zu dieser that erkühnt,
Die auch der feind nicht lobt! Wohlan denn! weil die güte
So übel angelegt, weil dein verstockt gemüthe
Durch keine freundligkeit zu zwingen, weil die pest
Durch linde mittel sich nicht von dir treiben läst,
Weil wohlthat dich verderbt, so fühle brandt Uud eisen!
Man soll der großen welt ein neues schau-spiel weisen,
Wie hart verletzte gunst und offt vergebne schuld
Und eingewigte rach und hochgepochte huld,
Wenn rechte zeit einbricht, erschütter' und zubreche.
Was stammelt nun der hund! Gebt achtung, was er spreche,
Der nichts denn lästern kan! Was kan er bellen?

MICHAEL.

Hört!
Wahr ists, dass Michael wohl reden nie gelehrt;
Wahr ists, dass ich mich auch zu heucheln nie beflissen;
Doch was dir meine faust genützt, wird dein gewissen
Entdecken, ob ich schweig. Erzehle deine that!
Doch auch, dass dessen faust befördert deinen rath,
Der mit dir und für dich in stahl und staub gestanden
Und in der schlacht geschwitzt. Man darff als schwere schanden
Nicht den geringen stand und schlechter eltern blut
Verhöhnen. Meine seel, mein nie verzagter muth
Spricht vor mich. Tugend wird uns nicht angebohren.
Wie vieler helden ruhm hat sich in nichts verlohren!
Des vatern theures lob verschwindet mit dem geist.
Wenn nun der bleiche todt uns in die gruben reißt,
So erbt der edle sohn die waffen, nicht die stärcke.
Denkt nicht an meine wort! schaut auf der armen wercke!
Der armen, die diß reich mit starcker krafft gestützt.
Die armen haben dich (betracht es nur!) geschützt,
(Betracht es nur mein fürst!) da so viel tausend degen
Umschrenckten dein gezelt. Wer halff das volck bewegen,

Das dich zum haupt auffwarff? Wer hub dich auf den thron?
Der dich nicht zweiffeln ließ, als du der großen cron
Schier deinen hopff entzückt. Der käyser hieß dich kommen
Und wich aus dieser burg, die du zwar eingenommen,
Doch als ich bey dir stund. Hast du den feind erschreckt,
So dencke, dass mein schwerdt in seiner brust gesteckt!
Auch geb ich gerne nach, dass ich durch dein erheben
Was höher kommen sey; doch, kanst du dem was geben,
(Verzeih es, was die noth mich dürr ausreden lehrt!)
Das dieses auffrucks werth, der so dein gut vermehrt,
Dass du diß geben kanst? Lass öffentlich erzehlen,
Was ich von dir empfieng! Es wird noch hefftig fehlen,
Dass deinem käyserthum mein ampt zu gleichen sey,
Und deiner cron mein helm! Und beydes stund mir frey,
Als ich dir überließ, was ich ergreiffen können,
Als ich dir diesen stuhl und mir nicht wollen gönnen.
Und gönn ihn dir noch itzt. Man klagt mich gleichwohl an.
Warumb? Umb dass ich offt ein wort nicht hemmen kan,
Wenn ein verräther mich so hündisch reitzt und locket.
Wem hat verleumdung nicht ein mordstück eingebrocket?
Kan iemand ohne fall auf glattem eyß bestehn,
Wenn ihn der neid anstößt? Wer muss nicht untergehn,
Wenn die ergrimmten wind erhitzter lügen blasen?
Wenn die erzürnten stürm untreuer zungen rasen?
Die wüten wider mich, die schaden meiner ehr
Und tödten meinen ruhm, erlangen sie gehör.
Belohnt man treuen dienst mit schmach und harten ketten?
Wil den, durch den er stund, der fürst zu boden treten,
So ists mit mir gethan, und eine zunge schlägt
Den, den kein grimmes schwerdt, kein scharffer pfeil erlegt.

1. RICHTER.

Was zung! verläumbdung! list! Welch umgekaufter ohren!
Hast du dich mörder nicht auffs käysers tod verschworen?
Der hof, die große stadt, das gantze läger lehrt,
Was man von fürsten-mord dich stündlich rasen hört.

2. RICHTER.

Was geyfert nicht sein maul? Soll diß entschuldigt heißen?
Soll man die zunge dir nicht aus dem nacken reißen?
Entdeckt die red uns nicht sein rasendes geblüt?
Was hält uns länger auf? Er bringt sein urtheil mit:

MICHAEL.

Gesetzt, dass mir aus zorn und unbedacht entgangen,

Was man so grimmig rügt, es hat doch mein verlangen
Nie würcklich deinen thron, nie deinen tod begehrt;
Man hat mit frembder schuld die feste treu beschwert.

LEO.

O recht verkehrte treu! wo ist die treu geblieben?

MICHAEL.

Mein blut hat diese treu ins buch der zeit geschrieben.

LEO.

Dein blut, das ieden tag nach unserm blute tracht!

MICHAEL.

Mein blut, das so viel jahr hat für dein blut gewacht.

LEO.

Gewacht nach meinem tod,

MICHAEL.

den ich vor dich zu tragen
War willig ie und ie.

LEO.

Nicht eins ist thun und sagen.

MICHAEL.

Ich sagts und thats, als ich mein blut für dich vergoss.

LEO.

Aus noth, aus eignem ruhm.

MICHAEL.

Das vor den deinen floss.

2. RICHTER.

Das dient der sachen nicht! Antwort, auf was wir fragen!

MICHAEL.

Fragt meine wunden denn, die diese brüste tragen!
Fragt feinde! Fragt den Parth, den Bulgar, Scyth und Franck!

3. RICHTER.

Diß laster macht zu nicht vorhin erlangten danck.

MICHAEL.

Diß laster thut hier nichts; verleumbdung wird uns zwingen.

4. RICHTER.

Verleumbdung, die allein dein mund weiß vorzubringen.

MICHAEL.

Verleumbdung liebt kein mund, der freye freyheit liebt.

5. RICHTER.

Der arm ist fest, der leicht dem munde beyfall giebt.

MICHAEL.

Man stößt offt aus im zorn, was man nie vorgenommen.

6. RICHTER.
Wir wissen sonder zorn dem vorsatz vorzukommen.
MICHAEL.
Wer lebt ohn alle feil! Wer hat sich stets bedacht?
7. RICHTER.
Der, zu hoch nicht pocht auf seiner hände macht.
MICHAEL.
Wer lebt, der irrt und fällt.
8. RICHTER.
Wer frevelt, der mag leiden.
9. RICHTER.
Wir können laster wol von irrthum unterscheiden.
MICHAEL.
Ja laster! Wenn man die aus allen winkeln sucht!
LEO.
Du bist es denn, der uns nur in dem winkel flucht?
1. RICHTER.
Was ist es suchens noth, wenn nun kein ort zu finden,
Der rein von deiner schuld. Dein offenbar verbinden,
Der zeugen gantze schaar, dein anhang bringt ans licht,
Was in dem busen steckt.
MICHAEL.
Was mir der hass andicht.
LEO.
Wer ists, der uns das schwerdt wil durch die adern treiben?
1. RICHTER.
Wer ists, ohn den das reich nicht kan bey kräfften bleiben?
2. RICHTER.
Wer ists, auf dem die last der schweren crone steht?
3. RICHTER.
Wer ists, ohn dessen werck des käysers heil vergeht?
4. RICHTER.
Wer ists der fürsten kan mit seinem fall erdrücken?
5. RICHTER.
Wer ists, der fürsten weiß ins kalte grab zu schicken?
6. RICHTER.
Dem Phocas, dem Iren so große sinnen macht?
7. RICHTER.
Vor dem der tieffe grund der großen erd erkracht?
8. RICHTER.
Der lieber einen tag begehrt gekrönt zu leben,
Als in dem höchsten ruhm und tieffster lust zu schweben?

9. RICHTER.
Was sprach dein mund nicht stracks, als man dich überfiel?
MICHAEL.
Nichts arges, wenn mans nicht zum ärgsten deuten wil.
10. RICHTER.
Nichts arges? Iedes wort hat zang und pfahl verdienet.
MICHAEL.
Weil ich was freyer nur zu reden mich erkühnet?
2. RICHTER.
Und nach des fürsten tod und seinem thron getracht.
MICHAEL.
Die aller-schärffste gifft ist rasender verdacht.
3. RICHTER.
Hat niemand beystand dir zu dieser thurst versprochen?
MICHAEL.
Den beystand suche der, der eyd und treu gebrochen.
4. RICHTER.
Meinst du, dass unentdeckt, wer mit dir in dem bund?
MICHAEL.
So weist du mehr dann ich.
5. RICHTER.
Versichre dich, der grund
Liegt nicht so tieff, dass ihn nicht unser bleymaß fühle.
MICHAEL.
Grund hats, dass man allhier auf mein verderben ziehle.
1. RICHTER.
Stracks: peinbanck, strick und brand!
MICHAEL.
Wol! wolt ihr dass ich lieg,
Mit fremder unschuld spiel und recht und welt betrieg?
1. RICHTER.
Man sagt durch pein gepresst, was man nicht sagt mit güte.
MICHAEL.
Die folter überwand kein unverzagt gemüthe.
Bedenckt wol, was ihr thut? Ich steck in solcher noth,
In die ihr sincken mögt. Mein leben, heil und tod
Beruht in eurer hand. Doch soll um wort ich sterben,
So last durch meine faust mich selbst mein end erwerben,
Und zwar zu nutz des reichs. Der feind mag auf mich gehn!
Ich wil für euch im stahl beym schwartzen Pontus stehn,
Ich wil biss auf den fall mit Scyth und Parthe kämpffen;
Ich wil der Bulgar trutz mit diesem blute dämpffen.

So breche, was sich dir mein fürst entgegen setzt!
So schwinde, was dein reich, was diesen staat verletzt!
So dien euch, wenn ich hin, auch meine blasse leiche!
So blühe für und für dein hauß und stamm!

LEO.
Entweiche!

Der ander eingang.

Leo. Die richter.

LEO.
Das wild ist in dem garn! Sein untreu, grimm und schuld
Brült auch in kett und band. Die güte, die gedult,
Und die gepochte gnad rufft starck nach recht und rache.
Was dünckt euch zu dem fall?

1. RICHTER.
Es ist ein ernste sache
Und überlegens werth. Wenn man sein wort betracht,
Das er nicht leugnen kan, wenn man der waffen macht,
Die ihm zu dienste steht, wenn man sein vieles schmehen
Und offt vergebnen feil was näher wil besehen,
So ists nur mehr denn klahr, dass er den hals verschertzt.
Wenn man im gegentheil den großen muth behertzt,
Den unverzagten sinn, die ruhm-verdienten wunden,
Durch die er so viel gunst bey so viel seelen funden;
Ja weil noch nicht entdeckt, wer sich mit ihm verband,
Weil er mit worten nur, nicht mit bewehrter hand
Gefrevelt, dünckt mich, sey es mehr denn hoch vonnöthen,
Zu dencken, wie und wo und wenn er sey zu tödten.
Soll ihn das leichte volck sehn auf den richtplatz gehn,
Gebunden und geschleifft? Soll er gefässelt stehn,
Da wo man tausend heer und tausend rühmen hören
Sein offt bekräntztes haupt, da er mit höchsten ehren
Nur nicht den thron bestieg? diß sieht gefährlich aus.
Wird das bewegte volck und die, so seinem hauß
Durch gunst und nutz verknüpfft diß ohn entsetzung schauen?
Was wird das läger nicht, auf das er pflegt zu trauen,
Das ihm zu dienste steht, was wird die frembde macht,
Die, was er hieß, verricht, und der so um uns wacht,
Bey solcher zeit nicht thun? Was werden die nicht wagen,
Die zweiffels ohn verpflicht, hand mit ihm anzuschlagen?

Glaubt diß: wer bey ihm hält, wer in dem bunde fest,
Wird suchen, was die noth, was hoffnung spüren läst!
Und warum will man nicht zuvor durch strenges recken
Ihn zwingen, uns den grund des anschlags zu entdecken?

2. RICHTER.

Er hat den tod verdient. Ein ieder gibt es zu.
Er sterbe! Morgen? Ja! ihr sagts. Warum nicht nu?
Man eylt hier nicht zu viel. Wenn man so hart beladen,
Kan auch ein augenblick mehr denn erträglich schaden.
Er ist noch keiner that (so spricht man) überzeugt;
Er ist um wort in hafft. Der, den der rauch betreugt,
Irrt treflich sonder licht! Wollt ihr sein werck beschauen,
So seht auf seinen mund. Was darff man diesem trauen,
Der vor dem richtstuhl selbst noch fürst und räthe pocht
Und lauter gall und gifft in tückschem hertzen kocht?
Ist diß wohl ie erhört, wofern sein grimmes schmähen
Noch keiner straffen werth? Wo, was vorhin geschehen,
(Geschehn und doch verziehn) euch nicht ermuntern kan,
So schaut des käysers haupt und eure leiber an!
Wollt ihr, biss dass der fürst durch seinen mord geblieben,
Biss ihr mit ihm erwürgt, das lange recht auffschieben?
Ja harr't, biss Michael die straffe recht verdien!
Glaubt man von auffruhr nichts biss reich, und scepter hin?

3. RICHTER.

Das volck, es ist nicht ohn, ist leichtlich zu bewegen;
Doch darff man in der stadt kein offen blut-recht hegen.
Der ort gesetzter pein, das leichen-volle feld,
Da vor gemeine schuld man pfahl und holtz auffstellt,
Der trüben hörner klang, der henker mord-gepränge,
Schreckt geister sonder witz. Ist uns der hoff zu enge?
Man straffe, wo gefehlt. Der fürst, dem wenig gleich
An tugend, sieg und ruhm, der dieses große reich,
Den stuhl, diß neue Rom auf alten grauß versetzet,
Hat, als ihn auf sein blut die geile frau verhetzet,
Die mutter, die ihr kind nicht mütterlich geliebt,
Von heilgem zorn entbrannt, rach in geheim verübt?
Vergieng nicht auf sein wort in siedend-heißem baden
Die brandstätt toller brunst, das weib, der länder schaden,
Der menschen hohn und fluch, der schandfleck ihrer zeit,
Der greuel der natur, den iederman anspeyt
Und iedes kind verflucht? Man kan nicht strenge schelten,
Nicht neu und unerhört, was Constantin hieß gelten.

1. RICHTER.
Heischt man die folter nicht?
4. RICHTER.
Ist seine schuld nicht klar?
Was sucht man erst durch pein, was mehr denn offenbar?
1. RICHTER.
Die strenge frage kan den trotz der geister dämpffen.
4. RICHTER.
Ein hoher geist pflegt offt mit noth und qual zu kämpffen.
1. RICHTER.
Zu kämpffen; doch biss ihm der grause schmerz obsiegt.
5. RICHTER.
Wo durch verstockten muth der schmertz nicht unterliegt.
6. RICHTER.
So ists auch, glaub ich, hier, es werd uns glühend eisen,
Pech, fackel, siedend öl und bley kein mittel weisen
Zu finden, was man sucht.
1. RICHTER.
Viel haben viel bekannt,
Gedrängt durch flamm und strick.
4. RICHTER.
Viel haben streich und brand
Und schraub und stein verlacht. Last ihn auf räder strecken!
Ich zweiffel, ob er uns auffrichtig wird entdecken,
Was uns zu forschen noth.
7. RICHTER.
Man kan nicht sicher gehn
Auff gründen, die allein fest auf der folter stehn.
Wer weiß nicht, dass man offt aus hass, aus lust zu leben
Die redlichst unschuld selbst boßhafftigst angegeben?
1. RICHTER.
Philotas, als das blut aus allen gliedern floss,
Gab, wie behertzt er war, sich scharffen geißeln bloß.
6. RICHTER.
Hat Hippias nicht selbst der freunde sich beraubet,
Als er dem falschen schwur des hartgequälten glaubet?
Man rühmt das weib von Rom, die sich zureißen ließ,
Und die, die in der qual die zung in stücken biss.
8. RICHTER.
Wie? wenn er allen grimm der marter überwünde
Und steiff und unverzagt auf trotzem schweigen stünde?
Denckt, was das auf sich hab!

9. RICHTER.
Auch scheint es, wenn die pein
Nach hohen köpffen greifft, als fiele zweiffel ein,
Gestärckt durch falschen hass. Was sind wir hier bemühet
Zu grübeln nach der schuld, die man vor augen siehet,
Die er nicht läugnen kan? Wo iemand bey ihm hält,
Dem wird sein untergang zu schrecken vorgestellt,
Das mächtig, in den weg, was wo verirrt, zu bringen,
Das sein entdecken leicht kan ins verzweiffeln dringen,
Verzweiffeln zu wasmehr.

3. RICHTER.
Mit kurtzem, was ihr thut,
Thut stracks! Bald anfangs lescht vielmehr ein tropffen blut
Denn eine flut zu letzt.

1. RICHTER.
Ich stimm es.

2. RICHTER.
Ich.

3. RICHTER.
Wir alle.

4. RICHTER.
Und wir.

5. RICHTER.
Wer sich zu hoch erheben will, der falle!

7. RICHTER.
Setzt ihm den holtzstoß auf!

8. RICHTER.
Dem mörder!

9. RICHTER.
auf die gluth!

1. RICHTER.
Er brenn und seine pracht, der laster-volle muth
Vergeh in asch!

2. RICHTER.
Er brenn!

3. RICHTER.
Er brenn!

4. RICHTER.
Er brenn und schwinde!

5. RICHTER.
Und werd ein dampff der lufft und gauckelspiel der winde!

LEO.
Ihr schließet seinen tod!
6. RICHTER.
den längst verdienten lohn.
LEO.
Verfasst den spruch! Er sterb allhier mit minder hohn
Und mehrer sicherheit! Der uns das leben giebet,
Der durch die hertzen sieht, weiß, wie wir ihn geliebet!
Er kennt, der alles kennt, wie hoch wir ihn belohnt,
Wie offt wir seiner schuld aus treuer gunst verschont,
Wie stoltz er uns gepocht, wie frech er uns gefluchet,
Wie offt er seinen ruhm durch unsre schmach gesuchet,
Wie hart sein untergang uns diesen geist beschwer,
Wie scharff sein herber tod uns hertz und seel auszehr;
Doch ihr, diß reich, das recht und unser blut und leben,
Die zwingen uns, den mann den flammen hinzugeben.
RICHTER.
Das urtheil ist gestellt! Rufft den beklagten ein!
LEO.
So wechselt zeit und recht und kehrt die ehr in rein.

Der dritte eingang.

Leo. Die richter. Michael.

1. RICHTER.
Nachdem der große rath des Michaels verbrechen
Bedachtsam überlegt,
MICHAEL.
Nun gott, du wirst es rächen!
Vergönt mir noch ein wort!
1. RICHTER.
Du bist genung gehört.
MICHAEL.
Ach himmel!
1. RICHTER.
wird erkennt: weil er sich offt empört,
Trotz mit verdacht gesteifft, der cron sich widersetzet,
Den fürsten hart geschmäht, die majestät verletzet,
Des käysers tod gesucht, dass er mit fuß und hand
Gefässelt an den pfahl, verbrenn auf offnem sand;
Doch hat der fürst, um ihn der schmach zu überheben,

Dass auf der burg die straff erfolge, nachgegeben.

MICHAEL.

Ach! hab ich mich geförcht vor diesem strengen tod!

4. RICHTER.

Nicht strenger als die schuld!

MICHAEL.

O unverdiente noth!
Ach angewändter dienst! Ach gar zu eitel hoffen!

7. RICHTER.

Die rach hat unverhofft den rechten zweg getroffen.
Eilt! führt das urtheil aus! Stracks diener greifft ihn an!

MICHAEL.

Hilff himmel! Bin ich der, der so vergehen kan?
Wo ist mein hoher ruhm? Ist alle gunst verschwunden?
Kennt mich der fürst nicht mehr? Wird nun kein freund gefunden,
Der vor mich reden darff? Kommt feinde, kommt und schaut!
Wie dieser armen macht, vor welcher euch gegraut,
Wie der, der euer reich mit schrecken hat beweget,
Der furcht in eure fest und seelen hat erreget,
So jämmerlich verfall! Ihr grausen geister rufft,
Rufft fröhlich über mir! Zubrecht die feste grufft,
In die euch sterben schleust! Kommt längst-erblasste helden,
Die diese faust entseelt! Helfft durch gantz Persen melden:
Dass allzuhartes recht, dass hass und toller neid
Den holtzstoß auffgesetzt, auf dem die tapfferkeit
Und tugend, und was wir den grund der throne nennen,
Ein unverzagtes hertz wird mit mir itzt verbrennen!

1. RICHTER.

Nun fort!

MICHAEL.

Ach noch ein wort!

2. RICHTER.

Umsonst!

MICHAEL.

Ein wort, mein fürst!
Ein wort!

LEO.

Sag an!

MICHAEL.

Dein knecht, den du vertilgen wirst,
Vorhin dein rechter arm, vorhin der feinde zittern,
Eh ihn des himmels zorn mit schweren ungewittern

So grausam überfiel, sinckt vor dir auf die knie
Und wünscht, nicht dass man ihn dem untergang entzieh;
(Doch ach! wo denck ich hin!) er wünscht, nicht dass man mindre
Der langen marter grimm, dass man die schmertzen lindre;
Er wünscht vor so viel dienst nur eine kurtze zeit.
Man gönn, indem mein grab, die flamme wird bereit,
Dass ich zu guter letzt an meine kinder schreibe
Und lehre, durch papier, wo ich ihr vater bleibe;
Wofern dein hoher zorn nicht wil, dass es gescheh,
Dass ich die süße schaar vor meinem ende seh.

2. RICHTER.

Diß laufft auf auffschub aus und auffschub auf entfliehen.

3. RICHTER.

So ist, er sucht durch frist der pein sich zu entziehen.

MICHAEL.

Zu eng ist ort und zeit zu einer solchen that.

3. RICHTER.

In einem augenblick schafft offt die bosheit rath.

MICHAEL.

Der, den die boßheit schreckt, muss stets in argwohn zagen.

4. RICHTER.

Wer schon verzweiffelt ist, wagt, was er nur kan wagen.

MICHAEL.

Wo liebe die natur in eurem blut erweckt,
Wo wahre vater-treu ie fürst dein hertz entsteckt,
Wofern du glücklich denckst den schönen tag zu schauen,
An welchem du die cron wirst deinem sohne trauen,
So weigre, dem der stirbt, die jüngste bitte nicht!

LEO.

Uns ist nicht unbekandt, was dein gemüthe dicht!
Die straffe wird geschwächt durch aufschub. Weil die rache
Als schlummernd sich verweilt, sucht eine böse sache
Hier vorbitt, anhang dort, und steckt mehr hertzen an,
Als man mit linder güt und schärffe heilen kan.
Dennoch, damit kein mund mit warheit sagen könne,
Als ob man dir aus hass so kurtze frist missgönne,
Werd er auf eine stund in feste kerker bracht!
Gebt unterdessen starck auf thor und schlösser acht!

Der vierdte eingang.

LEO.

Diß ists, das wir und er so lange zeit gesuchet!
Itzt fühlt sein geist, was uns sein frecher mund gefluchet!
So recht! Er ist gestürtzt! Das heißt den thron gestützt,
Den feind in grauß zermalmt, sich und sein blut geschützt,
Den undanck abgestrafft, den frevel überwunden,
Neid in den koth gedruckt, verläumdung angebunden.
Itzt sind wir herr und fürst und führen cron und stab
Und halten in der faust, was uns der nahme gab,
Wir, die ein knecht vorhin und diener unsers sclaven.
Itzt sinckt sein kahn zu grund, und Leo findt den haven!
So donnert, wenn man euch nach cron und scepter steht,
Ihr, die ihr unter gott, doch über menschen geht!
Hier spiegelt euch, die ihr zu dienen seyd gebohren
Und den, der herrschen sol, wollt leiten bei den ohren.
Verwegenheit greifft offt dem löwen in die har;
Doch wenn sie sicher wird und ihn nur ganz und gar
Vor einen hasen schätzt, läst er die scharfen klauen
Den auffgesperrten schlund, die harten zähne schauen
Und reißt, was auf ihn trat. Wie thöricht aber ist,
Der über tausend schafft und einen auserkist,
Dem er sein gantzes hertz und alle wündsch entdecket
Und die gewalt vertraut, mit der er länder schrecket
Und letzlich fürsten selbst! Wer iemand auf den thron
An seine seiten setzt, ist würdig, dass man cron
Und purpur ihm entzieh. Ein fürst und eine sonnen
Sind vor die welt und reich. Hat ie ein heer gewonnen,
Das mehr denn einer führt? Jedoch, was reden wir?
Wem traut man? Wandeln wir als frey von angst allhier,
Weil er noch athem schöpfft, durch dessen tod wir leben?
Hochnöthig, dass wir selbst genauer achtung geben,
Wie diese pest vergeh. Uns hat die zeit gelehrt,
Wie schnell es der verseh, der nicht mehr sieht als hört,
Und dass kein schauspiel sey so schön im rund der erden,
Als wenn, was mit der gluth gespielt, muss asche werden.

Der fünffte eingang.

Leo. Theodosia.

THEODOSIA.
Mein licht!
LEO.
Mein trost!
THEODOSIA.
Mein fürst!
LEO.
Mein engel!
THEODOSIA.
Meine sonn!
LEO.
Mein leben!
THEODOSIA.
Meine lust!
LEO.
Mein auffenthalt und wonn!
Wie so betrübt mein hertz?
THEODOSIA.
Was hat mein fürst beschlossen?
Ach leyder! Ist nunmehr nicht bluts genung vergossen?
LEO.
Nicht bluts genung, wenn man nach unserm blute tracht?
THEODOSIA.
Durch blut wird unser thron befleckt und glatt gemacht.
LEO.
So trägt ein frembder scheu, denselben zu besteigen.
THEODOSIA.
So muss er endlich sich auf nassem grunde neigen.
LEO.
Die nässe trucknet man mit flamm und aschen aus.
THEODOSIA.
Die leichtlich unser hauß verkehrt in staub und grauß.
LEO.
Diß hauß wird stehn, dafern des hauses feinde fallen.
THEODOSIA.
Wo nicht ihr fall verletzt, die dieses hauß umwallen.

LEO.

Umwallen mit dem schwerdt.

THEODOSIA.

Mit dem sie uns beschützt.

LEO.

Das sie auf uns gezuckt.

THEODOSIA.

Die unsern stuhl gestützt.

LEO.

Die unter diesem schein den stuhl gesucht zu stürtzen.

THEODOSIA.

Wer kann der fürsten zeit, wenn gott nicht will, verkürtzen?

LEO.

Gott wacht für uns und heist uns selbst auch wache seyn.

THEODOSIA.

Wenn gott nicht selber wacht, schläft ieder wächter ein.

LEO.

Ja freylich schläfft der fürst, der nicht den ernst läst schauen.

THEODOSIA.

Wo gar zu großer ernst, ist nichts als furcht und grauen.

LEO.

Der ernst ist nicht zu groß, ohn den kein reich besteht.

THEODOSIA.

Der ernst ist viel zu groß, durch den das reich vergeht.

LEO.

Nicht durch des schelmen tod, den nur der tod kan bessern.

THEODOSIA.

Ein pflaster heilt offt mehr, denn viel mit flamm und messern.

LEO.

Hier hilfft kein pflastern mehr! Was hab ich nicht versucht!

THEODOSIA.

Der höchste blitzt nicht bald, dafern ihn iemand flucht.

LEO.

Wer spricht nicht, dass ich mehr, denn nur zu viel geschonet.

THEODOSIA.

Der, der nicht lieber strafft als hoher tugend lohnet.

LEO.

Ich habe mehr belohnt als zu belohnen war.

THEODOSIA.

Ein fürst gibt nicht zu viel, gibt er gleich jahr für jahr.

LEO.

Mag noch was übrig seyn, das ich ihm nicht gegeben?

THEODOSIA.
Ach ja.
LEO.
Sag an, was ists?
THEODOSIA.
Sehr viel.
LEO.
Was ists?
THEODOSIA.
Das leben.
LEO.
Das leben dem, der nichts als meiner liebsten noth,
Der kinder untergang und seines fürsten tod
Mit ernstem eyfer sucht? Auf dessen grause sünden
Man nicht recht gleiche straff und urtheil weiß zu finden?
THEODOSIA.
Gnad überwiegt, was nicht die straff erheben kan.
LEO.
Die wage reist entzwey, wenn man kein recht sieht an.
THEODOSIA.
Das recht hat seinen gang, lasst gnad ihm nun begegnen!
LEO.
Der himmel will das haupt, das laster abstrafft, segnen.
THEODOSIA.
Und diesem günstig seyn, das leicht die schuld vergiebt.
LEO.
Nicht dem, der gott und mich und dich so hoch betrübt.
THEODOSIA.
Wie herrlich stehts, wenn man guts thut und böses leidet!
LEO.
Wie thörlich! wenn man sich die gurgel selbst abschneidet,
Wenn man das waldschwein, das mit so viel schweiß gehetzt
Und in dem garn verstrickt, auf freye wiesen setzt!
THEODOSIA.
Man kan die schlange selbst[4] durch güte so bewegen,
Dass sie die grause gifft pflegt von sich abzulegen.
Der wilden hölen zucht, der strengen löwen art,
Und was die wüste klipp in ihrem schoß verwahrt,
Legt, wenn der linde mensch es nicht zu rauhe handelt,
Die grimmig unarth ab und wird in zahm verwandelt.
LEO.
Man kan, es ist nicht ohn, ein blut-begierig thier

Gewöhnen, dass es spiel und niederknie vor dir;
Man kan, was noch vielmehr, die starcke fluth umkehren,
Den strömen widerstehn, den tollen wellen wehren;
Man dämpfft der flammen macht, man segelt gegen wind,
Man stürtzt die felsen hin, wo thäl und hölen sind,
Man kan die steine selbst mit weitzen überziehen
Und lehrt die wilden äst auf edlen stämmen blühen;
Diß kan man und noch mehr; nur diß ist unerhört,
Die kunst verkennt sich hier: kein wissen hat gelehrt,
Wie ein verstockter geist, den hochmuth auffgeblasen,
Und cronen-sucht verhetzt, zu heilen von dem rasen.

THEODOSIA.
Der arzt hofft, weil sich noch die seel in krancken regt.

LEO.
Bey todten wird umsonst die hand zu werck gelegt.

THEODOSIA.
Bey todten, die die seel auf unser wort gegeben.

LEO.
Vor überhäuffte schuld und unser aller leben.

THEODOSIA.
Rach übereylt den rath. Bedenckt wohl, was ihr thut!

LEO.
Die rach heischt viel zu spät so hoch befleckts blut.

THEODOSIA.
Ach blut! bedenckt den traum,[5] der eure mutter schreckte!

LEO.
Bedencke, was diß blut uns offt für furcht erweckte!

THEODOSIA.
Bedenckt den hohen tag, der alle welt erfreut!

LEO.
Und mich, wenn nun der wind des feindes asch umstreut.

THEODOSIA.
Stößt ihr den holtzstoß auf, nun Jesus wird geboren?

LEO.
Dem, der auf Jesu kirch und glieder sich verschworen.

THEODOSIA.
Wollt ihr mit mord befleckt zu Jesu taffel gehn?

LEO.
Man richtet feinde hin, die bey altären stehn.
Mein licht! nicht mehr! Wie ists? Darff sie sich unterwinden
Zu bitten für den mann, der sie und mich zu binden
Und mich und sie durch mein und ihrer kinder tod,

Durch neuer schmertzen arth und übergrause noth
In staub zu treten meynt? der ohne furcht darff sagen,
Dass wir durch seine gunst gold auf den haren tragen
Und purpur um den leib! und hör ich länger zu?
Des menschen untergang ist mein und deine ruh,
Sein leben beyder grab.

THEODOSIA.
Er laufft ergrimmt von hinnen!
Wie aber? lass ich zu, was mit erhitzten sinnen
Der käyser heist vollziehn? Soll der so hohe tag,
In welchem Gott und mensch arm in der krippen lag,
In welchem wir mit Gott uns eilen zu verbinden,
Den holtzstoß auf der burg voll menschen-beiner finden?
Soll leichen-schwerer stanck vor unsern weyrauch gehn?
Sol sein geschrey vor gott bey unserm beten stehn?
Nein, warlich! nein! Ich muss, wo möglich, diß verhüten!
Ich wil den harten muth des fürsten überbitten,
Dass er das strenge recht nicht auf das fest ausführ.
Ich weiß, er wegert nicht so wenig gott und mir.

Der sechste eingang.

Michael. Die trabanten. Leo. Theodosia.

TRABANTEN.
Nun fort! die zeit verlauft.

MICHAEL.
Wohlan! so last uns gehen,
Und zwar allein, in dem kein freund wil bey uns stehen.
Ach freunde sonder treu! Ach nahmen sonder that!
Ach tittel, sonder nutz! Ach beystand sonder rath!
Ach freunde! freund in glück! Ach dass wir euch doch ehren!
Verflucht, wer sich den wahn der freundschaft läst bethören!
Verflucht, wer auf den eyd der leichten menschen baut!
Verflucht, wer auf den mund und auf versprechen traut!
Ich sterb, um dass ich die vor mehr denn redlich schätzte,
Für die ich mich gewagt, der, den mein degen setzte
Auf Constantinus thron, setzt mich auf diesen stoß!
Der fürst, vor den mein blut aus allen adern floss,
Schenckt mir diß holtz zu lohn! Wie hoch bin ich gestiegen,
Dass auch die aschen selbst wird durch die lüfte fliegen!
Wie wohl hab ich die zeit und wunden angewandt!

Ach! dass der lichte pfeil der donner mich verbrandt,
Als ich, da noch ein kind, von hause ward gerissen,
Eh ich die glieder lernt in harten stahl verschließen!
Eh ich das schwerdt ergriff und durch die waffen drang!
Eh ich mit flamm und spieß der feinde wall besprang!
Ach! dass mich doch ein held, dass mich ein mann erleget!
Ach! dass mein wündschen euch, die ihr mich schaut, beweget!
Kommt freunde! stost ein schwerdt! stost durch die bloße brust!
Diß bitt ich! Feinde kommt! ersättigt eure lust
Und stost ein schwerdt durch mich! Ich will es beyden dancken.
Vergebens wündscht, wer schon in die gedrange schranken
Des rauhen todes laufft. Wol an denn! kommt und lehrt
Ihr, die ihr fürsten hoch und gleich den göttern ehrt,
Die ihr durch herren gunst wollt in den himmel steigen,
Wie bald sich unser ruhm[6] müss in die aschen neigen!
Wir steigen, als ein mensch, dem man den halß abspricht,
Auf den gespitzten pfahl, der seinen leib durchsticht.
Wir steigen als ein rauch, der in der lufft verschwindet;
Wir steigen nach dem fall, und wer die höhe findet,
Findt, was ihn stürtzen kan.

TRABANTEN.
Die weißheit lehrt der tod!

MICHAEL.
Was mich mein holtzstoß lehrt, das lehr' euch meine noth:
Wer steht, kan untergehn! Ich will mich selbst entkleiden!
Last uns denn unverzagt des himmels schluss erleiden!
Du aller städte zier! Beherrscherin der welt!
Die ich durch so viel angst in stoltze ruh gestellt,
Ade! dein held vergeht! Du zeuge meiner siege,
Du güldnes licht, ade! Du, durch mich offt im kriege
Mit fleisch bedecktes land, das meine faust gefüllt
Mit leichen, hirn und bein, das ich mit spieß und schild
Und tartschen offt gepflügt, sey, nun der tod begegnet,
Zu guter nacht gegrüßt, zu guter nacht gesegnet!
Ihr geister! die die rach ihr hat zu dienst erkiest,
Wofern durch letzten wundsch was zu erhalten ist,
Wo einer, der itzt stirbt, so fern euch kan bewegen,
Wofern ihr mächtig, angst und schrecken zu erregen,
So tag ich euch hervor aus eurer marter höl,
Wo nichts denn brand und ach gönnt der betrübten seel,
Was nicht zu wegern ist! Es müsse meine schmertzen
Betrauren, der sie schafft, und mit erschrecktem hertzen

Den suchen, den er brennt! Es müsse meine glut
Entzünden seine burg! Es müss aus meinem blut,
Aus dieser glieder asch, aus den verbranten beinen,
Ein rächer aufferstehn und eine seel erscheinen,
Die voll von meinem muth, bewehrt mit meiner hand,
Gestärckt mit meiner krafft in den noch lichten brand,
Der mich verzehren muss, mit steiffen backen blase!
Die mit der flamme tob und mit den funcken rase,
Nicht anders als dafern die schwefel-lichte macht
Durch wolck und schlösser bricht, der schwere donner kracht!
Die mir mit fürsten-blut so eine grabschrifft setze,
Die auch die ewigkeit in künfftig nicht verletze.

TRABANTEN.

Weicht ihrer majestät!

LEO.

Dein wündschen werd erfüllt,
Mein leben! Aber, ach! dass hier kein warnen gilt!
Du wirst die stunde noch, du wirst die gunst verfluchen
Und schelten, was wir thun, auf dein so hoch ersuchen.
Schließt den verdammten mann in starcke ketten ein,
Weil schon das fest anbricht! Besetzt den rauen stein
Des kerckers um und um mit hütern auf das beste!
Verräther kann man nicht verwahren gar zu feste.

Reien der höflinge.

1. O du wechsel aller dinge!
Immerwährend' eitelkeit!
Laufft denn in der zeiten ringe
Nichts mit fester sicherheit?
2. Gilt denn nichts als fall und stehen,
Nichts denn cron und hencker-strang?
Ist denn zwischen tieff und höhen
Kaum ein sonnen untergang?
3. Ewig wanckelbares glücke!
Siehst du keine zepter an?
Ist denn nichts, das deinem stricke
Auf der welt entgehen kan!
4. Sterbliche! was ist dis leben,
Als ein gantz vermischter traum?
Diß was fleiß und schweiß uns geben,
Schwindet als der wellen schaum!
5. Printzen! Götter dieser erden!

Schaut, was vor euch knien muss!
Offt eh es kan abend werden,
Kniet ihr unter fremden fuß!
6. Auch ein augenblick verrücket
Eurer und der feinde thron,
Und ein enges nun, das schmücket,
Die ihr hasst, mit eurer cron!
7. Ihr, die mit gehäufften ehren
Ihm ein fürst verbunden macht,
Wie bald kan man von euch hören,
Dass ihr in die ketten bracht!
8. Arme! sucht doch hoch zu steigen!
Eh der ruhm euch recht erblickt,
Müsst ihr haupt und augen neigen,
Und der tod hat euch bestrickt.
9. Pocht, die ihr die welt erschüttert,
Pocht auf eurer waffen macht!
Wenn die lufft was trübe wittert,
Wird die schwache faust verlacht.
10. Dem metalle zugeflossen,
Dem der Tagus schätz anbot,
Bat offt, eh der tag geschlossen,
Um ein stücke schimlend brodt.
11. Schöne, die schnee-weißen wangen,
Die die seelen nach sich ziehn.
Des gesichtes edles prangen
Heist ein schlechter frost verblühn.
12. In dem wir die jahre zehlen
Und nach hundert erndten sehn,
Muss es an der stund uns fehlen.
Clotho rufft, es sey geschehn.
13. Zimmert schlösser, baut palläste,
Haut euch selbst aus hartem stein!
Ach! der zeit ist nichts zu feste!
Was ich bau, bricht jener ein.
14. Nichts! nichts ist, das nicht noch heute
Könt in eil zu drümmern gehn;
Und wir! ach! wir blinde leute
Hoffen für und für zu stehn?

Die dritte abhandelung.

Der erste eingang.

Leo. Papias. Reyen der spielleute und sänger.

LEO.
Er ist versichert?
PAPIAS.
Ja.
LEO.
Verhütet?
PAPIAS.
starck.
LEO.
Wer giebt
Acht auf die wach?
PAPIAS.
Ich selbst.
LEO.
Last keinen, der ihn liebt,
Eindringen auf die burg! Ihn auch heiß feste schließen
Mit ketten an den arm, mit sprengen an den füßen!
PAPIAS.
Mein fürst, es ist verricht.
LEO.
Wo sind die schlüssel?
PAPIAS.
Hier.
LEO.
Entweiche! Ruffe du die sänger vor die thür!
Wir wünschen uns allein. O kummer-reiches leben!
Wer wird mit hütern mehr, wir oder er umgeben?
Er bebt vor seiner noth, wir selbst vor unserm schwerdt.
Ist dieses scepter gold wohl solcher sorgen werth?
Wie drückt diß leichte kleid! O selig, wer die jahre
Den kurtzen zeiten rest biss auf die grauen haare
Weit von der burg verzehrt, Der nur die wälder kennt,
In welchen er ernährt, der keine diener nennt,
Nicht in dem purpur glänztzt, er mag ja sicher gehen,

Wenn und wohin er will. Die uns zu dienste stehen,
Stehn offt nach unserm leib. Ihn wirfft die sanffte nacht
Auf ein geringes stroh, biss Titan ist erwacht;
Wir irren ohne ruh. Wenn wir den leib ausstrecken,
Verkehrt das küssen sich in allzeit frische hecken.
So bleibt ein grüner strauch von blitzen unverletzt,
Wenn der erhitzte grimm in hohe cedern setzt
Und äst und stamm zuschlägt, wenn sich die wind erheben
Und zeichen ihrer kräfft an langen eichen geben.
Der himmel, der uns nichts ohn etwas wehmuth schenckt,
Hat mit stets neuer furcht den stoltzen thron umschrenckt.
Mit eisen wird ein knecht, mit gold ein fürst gebunden.
Der kriegsmann fühlt das schwerdt, uns giebt der argwohn wunden,
Die kaum zu heilen sind. Wir schweben auf der see;
Doch wenn die grimme fluth den kahn bald in die höh,
Bald in den abgrund reißt und in den hafen rücket,
Wird an der rauhen klipp ein großes schiff zustücket.

Violen.
Unter währendem seitenspiel und gesang entschläfft Leo auf dem stuhle sitzend.

Die reihen.

1. Die stille lust der angenehmen nacht,
Der ruhe zeit, die alles schwartz anstreicht,
Krönt nun ihr haupt mit schimmernd-lichter pracht.
Der bleiche mond, der sonnen bild entweicht.
2. Die erd erstarrt. Der faule Morpheus leert
Sein feuchtes horn auf tausend glieder aus
Und deckt mit schlaff, was schmertz und tag beschwert.
Der träume schaar schleicht ein in hütt und hauß.
3. Die kleine welt, das große Bizantz liegt
In stoltzer ruh, indem seyn käyser wacht.
Der große fürst, der für uns kriegt und siegt
Und gantz zubricht der harten Persen macht,
4. Er wacht für uns; dass Pontus stiller fleust,
Dass Nilus dient, dass Ister dich verehrt,
Und dass der Bospher nicht das land begeust,
Entsteht, weil ihn nicht einer schnarchen hört.
5. Er wacht für uns, und der wacht über ihn,
Der fürsten stühl auf steiffen demant setzt,

Der fürsten täg' heist aus metallen ziehn
Und ihren feind mit schnellem blitz verletzt.
6. Gott hält ob den, die er selbst götter nennt.
Ob schon der riesen freche schaar erhitzt
Und sich vor wahn und rasen nicht mehr kennt
Und berg auf berg und felß auf klippen stützt.
7. Ob Atlass gleich schon auf dem Hömus stünd,
Und Athos reicht an das besternte schloss,
Ob man die thür auch in den himmel fünd,
Wenn Rhetus noch so starck und noch so groß,
8. So bleibt es doch, so bleibts umsonst gewagt,
Was sie gewünscht. Auf einen schlag verschwind
Das lange werck. Wer Gott zum streit austagt,
Wird asch und staub und dunst und rauch und wind.

Violen.

Unter währendem spiel der geigen erschallet von ferne eine trauertrompete, welche immer heller und heller vernommen wird, biss Tarasius erscheinet, um welchen auf bloßer erden etliche lichter sonder leuchter vorkommen, die nachmahls zugleich mit ihm verschwinden.

Der ander eingang.

Tarasii geist. Das gespenst Michaelis. Leo. Die trabanten.

Auf fürst! gestürtzter fürst! auf! auf! Was schlummerst du,
Weil gottes rach erwacht? Auf! treib die faule ruh
Von sinn und gliedern ab! Dein scepter wird zubrochen;
Dir hat der schnelle tod ein schneller recht gesprochen.
Der, den du aus dem thron, untreuer mann! verjagt,
Der über deine schuld mit heißen thränen klagt
Und das gerechte recht stets klagend hart erbittert;
Die kirche, die für dir, unselger mensch! Erzittert,
Dein eigner ubermuth, der, der in felsen sitzt,
Durch dein befehl verjagt, der in metallen schwitzt
Und aus dem mittel punct der erden durch die himmel
Mit seufftzenreichem ach und winselndem getümmel
Gott an das hertze dringt; das nimmer stille blut,
So ewig zetter rufft, das du gleich schlechter flut
Der Amphitrit geschätzt und ohne schuld vergossen;
Die, die dein heißer geitz in klöster hat verschlossen;

Die du gestümmelt hast, und der entmannte mann,
Theophilact, und wer noch über dich tyrann
Auch sonder zunge rufft, gibt der getrotzten rache
Das mordschwerdt in die faust! Auf käyser! auf und wache,
Wofern du wachen kanst! Doch nein! dein end ist dar!
Kein schloss, kein schild, kein schwerd, kein tempel, kein altar
Schützt, wenn gott blitzen wil. Dein engel schau ich weichen,
Dich sonder haupt und hand und die zustückte leichen
Umschleiffen durch die stadt. Dein stamm muss untergehn,
Entgliedert und verhöhnt. Was willst du länger stehn?
Stoß Michael! stoß zu!

LEO.

Mord! Mord! Verräther! Degen!
Schild! Mord! Trabanten! Mord! Helfft mir den feind erlegen!
Ihr himmel! was ist diß? Hat uns der traum erschreckt!
Schaun wir diß wachend an! Wird durch gespenst entdeckt,
Was diesem nacken dräut? Wen habt ihr hier gefunden?

TRABANTEN.

Gantz niemand.

LEO.

Niemand? wie?

TRABANTEN.

Den fürsten hilt gebunden
Ein unverhoffter schlaff. Wir drungen auff sein wort
Bewehret ins gemach. Er saß auf diesem ort
Und rieff nach hülff und schwerdt.

LEO.

Habt ihr sonst nichts vernommen?

TRABANTEN.

Gantz nichts.

LEO.

Auch niemand sehn durch wach und
thüren kommen?

TRABANTEN.

Nicht einen.

LEO.

Hat der schlaff euch blind und taub gemacht?

TRABANTEN.

Wir wündschen uns den tod, dafern wir nicht gewacht.

LEO.

Sind schloss und thor mit volck und nach gebühr versehen?
Hat man den port besetzt?

TRABANTEN.

Mein fürst! es ist geschehen.
Die scharen sind versteckt, die maur ist waffen voll.

LEO.

Schaut wo Nicander sey, und weckt den Exabol!
Wie viel ist von der zeit der finsternis verschwunden?

TRABANTEN.

Die burgtrompette bläst ietzt aus die sechste stunden.

Der dritte eingang.

Leo.

Was bilden wir uns ein?
Sol uns ein leerer wahn, ein falscher dunst bewegen?
Sol dieses zittern sich sich aus phantasie erregen?
Sol es gantz eitel sein,
Was diß schröckliche gesichte
Von dem ernsten blut-gerichte,
Von untergang, fall, tod und wunden
Uns die seelen eingebunden?

Der kalte schweiß bricht vor.
Der müde leib erbebt, das hertz mit angst umfangen,
Klopfft schmachtend zwischen furcht und sehnlichem verlangen.
Es klingt nichts in dem ohr
Als der donner-herben rache
Von gott ausgetagte sache.
Wir schaun den geist noch für uns stehen.
Soll macht und reich mit uns vergehen?

Stoß Michael! Stoß zu!
So rieff das traur-gespenst. Dein scepter wird zerbrochen,
Der strenge tod hat dir das strenge recht gesprochen.
Auff, auff von deiner ruh!
Ach! hat ruh uns ie erquicket,
Weil die cron das haupt gedrücket?
Ist eine wollust, die gefunden,
Uns nicht in leichtes nichts verschwunden?

Dein scepter ist entzwey!
Diß recht spricht uns der tod! Der hohe thron wird brechen;
Die straffe will den mann, den wir vertrieben, rächen!

Geht denn der mörder frey?
Haben wir diß schwert gewetzet,
Das uns selbst die brust verletzet?
Steht unsre zeit in dessen händen,
Der in der glut die zeit soll enden?
Kein tempel, kein altar
Schützt, wenn gott blitzen will. Wil gott denn die nicht schützen,
Die er an seine statt hieß auf den richtstuhl sitzen?
Kürtzt er der fürsten jahr?
Oder lehrt er nur durch zeichen,
Wie man soll der grufft entweichen?
So ists! Er pflegt uns zwar zu dräuen;
Doch pflegt ihn auch sein zorn zu reuen.

Ist Michael denn frey,
Der in den eisen sitzt? Wie wann die kett erbrochen
Durch gold, zusag und list? Was hat man nicht versprochen,
Wie köstlich es auch sey,
Wenn man von dem scheitterhauffen
Den verdammten leib wil kauffen?
Kein ertz ist, das nicht gaben weiche!
Kein mittel, das nicht geld erreiche.

Auf! schrie der geist uns an!
Auf käyser! auf! wach auf! Wol! last uns selber schauen,
Wie fest der kercker sey! wie fern der burg zu trauen,
Weil man noch sicher kan!
Wer der noth weiß vorzukommen,
Hat der noth die macht benommen.
Die können kaum dem fall entgehen,
Die nur auf frembden füßen stehen.

Der vierdte eingang.

Exabolius. Nicander. Die trabanten. Leo.

EXABOLIUS.
Wo hält der fürst sich auf?
TRABANTEN.
Er hat diß theil der nacht
Noch sonder ruh allhier voll kummer durchgebracht.
Itzt eilt er unversehns durch die gewölbten gänge!

NICANDER.
Allein?
TRABANTEN.
Wir folgten ihm mit der bewehrten menge.
Er wieß uns stracks zurück und rieff: last uns allein,
Verwahrt theils saal, theils thor, biss Exabol erschein
Und sich Nicander zeig! Heist beyd allhier verziehen,
Biss dass wir nochmahls uns in diß gemach bemühen.
Es sey nun, wie es sey; er ist nicht als er pflag;
Ihm liegt was auf der brust; er wünscht nur nach dem tag
Und fleucht das sanffte bett! Uns ferner ist verholen,
Warum er euch bey nacht zu ruffen anbefohlen.
NICANDER.
Der käyser hält den wolff nur leider! mit dem ohr.
Diß, diß ist, was ihn kränckt. Ich merckt es wohl zuvor,
Dass man durch langes recht sich würde so verweilen,
Biss, Exabol! uns selbst das unglück würd ereilen.
Was denckt man wohl, wormit er diese nacht umgeh?
Was er vor mittel such? in welchem wahn er steh?
Wird man nicht in der stadt sich heimlich unterwinden,
Durch vorbitt oder macht ihn endlich zu entbinden?
Bricht er sich dißmahl loß, so ists, (du wirst es sehn)
Ums käysers cron und leib, um mich und dich geschehn.
EXABOLIUS.
Die sach ist freylich schwer. Doch dass man dem gerichte
Die schuld aufflegen wil, geht nicht. Diß stück ist lichte:
Dass er alsbald verhört, verklagt durch eignen mund,
Selbst durch sich überzeugt, dass er mit gutem grund
Einhellig stracks verdammt. Hierinn ist viel versehen,
Dass nicht dem urtheil auch in eil genug geschehen.
NICANDER.
Warum hat man die frist der rach in weg gelegt?
EXABOLIUS.
Der käyser ward hierzu durch sein gemahl bewegt,
Sie durch das hohe fest.
NICANDER.
Sprich lieber, durch die lehren
Der priester, die sie pflegt als götter anzuhören.
EXABOLIUS.
Wer weiß nicht, was ein weib durch bitt erhalten kan?
NICANDER.
Ja die princessin bat, ein ander trieb sie an.

Warum doch wil die schaar, die dem altar geschworen,
Stets in dem rathe seyn? Sie hört durch euer ohren,
Sie schleust durch euren mund, sie kümmert sich um feld,
Um läger, reich und see, ja um die große welt,
Nur um die kirche nicht! Ist denn so viel verbrochen.
Wenn ein verletzter fürst rechtmäßig sich gerochen?
Gibt gott den printzen nicht das schwerdt selbst in die hand,
Zu straffen frevle schuld, zu schützen ihren stand?
Man muss, es ist nicht ohn, die zeit recht unterscheiden;
Doch, wenn die zeit es selbst, wenn es die noth kan leiden.
Man sucht offt in dem fest zu wunden salb und band
Und kommt mit leschen vor dem angelegten brand,

EXABOLIUS.

Wir müssen, was gefehlt, zu ändern uns bemühen.
Das best ist, dass er nicht so leichtlich wird entfliehen.
Es sey denn:

NICANDER.

Schweig! Der fürst!

LEO.

Es ist mit uns gethan!
Was hoffen wir, nun der auch schifft in diesem kahn,
Dem wir den feind vertraut? Wie sollt uns der nicht zwingen,
Der in den ketten herrscht und die uns ab- kan dringen,
Um die der wächter sitzt!

EXABOLIUS.

Was druckt des fürsten geist?

LEO.

Nichts, als dass uns der stock den neuen fürsten weist.

NICANDER.

Den meynt man, der noch kaum zwey nächte wird vollenden?

LEO.

Und gleichwol scepter führt mit den gebundnen händen.

EXABOLIUS.

Was steckt des fürsten sinn in solchen kummer ein?

LEO.

Der kercker, in dem er voll ruh, wir matt von pein.

EXABOLIUS.

Der kercker? Wie?

LEO.

Wir sind gleich aus dem kercker kommen,
Da wir in augenschein die höchste schuld genommen.
Die thore sind verwahrt, der muntern hüter schaar

Besetzte steig und gang, wie anbefohlen war.
Wir schlichen ins gemach, in dem der mörder lieget,
Der zeit zu seiner thurst durch unsre langmuth krieget.
Was schau'ten wir nicht an? Er schlieff in stoltzer ruh,
Gantz sicher, sonder angst. Wir traten näher zu
Und stießen auff sein haupt. Doch blieb er unbeweget
Und schnarchte mehr denn vor.

EXABOLIUS.

Als ein bestürtzter pfleget,
Der blass von todes angst in tieff erstarren fällt.

NICANDER.

Als der, der sich entfreyt von angst und ketten hält.

LEO.

Dieß wieß die ruhstätt aus, an welcher nichts zu finden
Als purpur und scarlat, vorhang, tapet und binden,
Gestickt mit reichem gold, der himmel mit gestein
Durch höchste kunst besetzt. Ihn hüllte purpur ein,
Und was der Sere spint. Die auffgesteckten kertzen
Bestralten aus dem gold den ursprung unsrer schmertzen.
Der Parthen arbeit hat die schlechte wand geziert,
Die erd ist mit gewürck der mohren ausstaffirt.
Endlich! sein kercker ist mehr denn ein fürstlich zimmer,
Und dünckts euch fremde, dass sich unser geist bekümmer?

EXABOLIUS.

Hilf gott! was hören wir?

LEO.

Diß, was wir selbst gesehn.

NICANDER.

Es kommt mir seltzam vor.

LEO.

Hört, was noch mehr zu schmähn!
Der Papias, dem wir den mörder anbefohlen,
Spielt auf dem traurplatz auch und stehet unverholen
Dem ertzverräther bey! Er schlieff vor seinem fuß,
(Weil ja der neue printz auch cäm'rer haben muss.)

EXABOLIUS.

Er lag denn auf der erd?

LEO.

als dem zu thun gehöret;
Der in dem schlaff-gemach des käysers hoheit ehret.
Diß wagt man auf der burg! in unsrer gegenwart!
Man schätzt uns schon für tod.

EXABOLIUS.
Der frevel ist zu hart!
LEO.
Du dunckelreiche zeit! ihr ewiglichte kertzen,
Die von dem schloss der lust abstralt auf unsre schmertzen!
Du einsamkeit der nacht! ihr geister jener welt.
Und die, was unter uns herrscht, in gehorsam hält!
Seyd zeugen ernstes grimms und bürgen teurer schwüre:
Wo wir nicht, ehr die zeit den dritten tag verliehre,
Den mörder und sein volck und anhang und ihr hauß,
Erhitzt durch heilge rach, verkehrt in staub und grauß;
Wo auf den Papias wir das schwerdt so nicht wetzen,
Dass auch die felsen sich vor seiner straff entsetzen,
So müssen wir verjagt, verhöhnt, verspeyt, verlacht,
Entzeptert sonder trost und hoffen tag und nacht
Umirren, weil wir sind, und unter fremden füßen,
Ja rauer dienstbarkeit das harte leben schließen!
Wie dencken wir so weit! Diß ist die letzte nacht,
Die uns der himmel gönnt.
EXABOLIUS.
Der fürst schlag aus der acht,
Was zorn und argwohn dicht! Es ist so fern nicht kommen,
Die treu hat auf der burg so gantz nicht abgenommen.
Fehlt einer oder zwey, es sind viel tausend dar,
Die ihrem käyser hold, die willigst in gefahr
Sich wagen für sein heyl, die ihr verpflichtet leben
Vor sein gekröntes haupt in die rappuse geben.
LEO.
Es ist noch etwas mehr, das seel und sinnen nagt.
EXABOLIUS.
Vergibt der fürst dem, der um sein anliegen fragt?
LEO.
Uns hat noch kurtz vorhin traum oder geist beschweret.
NICANDER.
Der schafft ihm selber angst, der sich an träume kehret.
LEO.
Der himmel hat durch träum offt große ding entdeckt.
EXABOLIUS.
Der wahn hat offt durch träum ein müdes hertz erschreckt.
LEO.
Der traum von Phocas[7] hat dem Mauritz nicht gelogen.

EXABOLIUS.
Wer viel auf träume baut, wird allzuviel betrogen.
NICANDER.
Bestürmt ein traum den geist, den nicht der feinde macht,
Den kein bewehrter grimm ie in bestürtzung bracht?
Bestürmt ein traum den geist, vor dem die trotzen hauffen
Der Parthen sich entsetzt, vor dem die Bulgarn lauffen?
Wo sind wir großer fürst?
LEO.
Nicander glaub es fest,
Dass keiner blitzen glantz, kein ungeheure pest
Uns ie den muth benahm! Diß eine, wir bekennen,
War mächtig, fast die seel aus dieser brust zu trennen.
EXABOLIUS.
Der fürst entdeck uns doch das schreckliche gesicht!
LEO.
Kommt! folgt uns!
NICANDER.
Wer in angst, schläfft sonder argwohn nicht.

Der fünffte eingang.

Michael. Papias. Ein wächter.

PAPIAS.
Auf herr! Was thun wir! Ach! wir sind dem tod im rachen!
Auf herr! Ach! kan man nun den mann nicht munter machen!
Auf! Auf!
MICHAEL.
Was mangelt dir? Was ist das rasen noth?
Was zitterst du?
PAPIAS.
Wir sind, mein herr! schon lebend tod.
MICHAEL.
Was hör ich? traumt dir?
PAPIAS.
Ach!
MICHAEL.
Sag an!
PAPIAS.
Ich bin verlohren!

MICHAEL.
Was ists!
PAPIAS.
Ich armer! ach! ach! Wär ich nie gebohren!
MICHAEL.
Was kränckt dich?
PAPIAS.
Ach!
MICHAEL.
Nur bald!
PAPIAS.
Die zunge stammelt mir
Für schrecken.
MICHAEL.
Und warum?
PAPIAS.
Der käyser!
MICHAEL.
Schwindelt dir?
PAPIAS.
Ist
MICHAEL.
Was?
PAPIAS.
anietzt bey uns
MICHAEL.
im kercker?
PAPIAS.
hier gestanden.
MICHAEL.
O himmel!
PAPIAS.
Es ist aus! Mein henker ist verhanden.
MICHAEL.
Der käyser? Hier? bey uns? Wie kan es möglich sein?
Wie kan er durch die thür ohn dein eröffnen ein?
PAPIAS.
Er hat die schlüssel selbst in seine macht genommen.
MICHAEL.
Ich spühr, es ist mit uns nunmehr auffs höchste kommen!
Hast du ihn selbst gesehn?

PAPIAS.
Ich? dem die feste ruh
Die müden augen schloß?
MICHAEL.
Wer trug es dir denn zu?
PAPIAS.
Die schaarwach an der thür.
MICHAEL.
Sie wil die furcht uns mehren.
Ruff iemand zu uns her? Komm träumer! lass dich hören!
Welch wahnwitz steckt dich an?
WÄCHTER.
Mein herr! es ist kein wahn.
Ich habe, weil ich hier, kein auge zugethan.
Die helffte dieser nacht war, wie mich dünckt, verlauffen,
Als unversehns der fürst durch die bewehrten hauffen
Biss in den kercker trat.
MICHAEL.
Ist diß wohl ie erhört!
Kennst du ihn?
WÄCHTER.
So als mich.
MICHAEL.
Dich hat ein dunst bethört.
WÄCHTER.
Warum doch glaubt mein herr, dass ich, was falsch, berichte?
MICHAEL.
Der käyser? in der nacht? Es dunckt mich ein gedichte!
WÄCHTER.
Mein herr! was brächt es mir nutz oder schaden ein?
MICHAEL.
Wer schloss den kercker auf?
WÄCHTER.
Er selbst.
MICHAEL.
Kam er allein?
WÄCHTER.
Es war kein mensch um ihn, der ihm zu folgen pfleget.
MICHAEL.
Es sieht unglaublich aus! Wie war er angeleget?
WÄCHTER.
Mit purpur, und er trug mit gold-gestickte schuh.

MICHAEL.
Nun glaub ichs. Sprach er nicht der schaarwach etwas zu?
WÄCHTER.
Kein wort.
MICHAEL.
Ist er bey uns lang in dem zimmer blieben?
WÄCHTER.
Er hat schier so viel zeit als ich allhier vertrieben.
MICHAEL.
Wie stellt er sich, indem er euch den rücken wand?
WÄCHTER.
Er schüttelte den kopff und schnellte mit der hand.
MICHAEL.
Genung!
PAPIAS.
Wer zweiffelt nun?
MICHAEL.
Nicht dieser, der empfindet,
Wie grimmig er erhitzt. Den er mit ketten bindet,
Der auf dem holtzstoß schier den heißen eyfer kühlt.
PAPIAS.
Nicht dieser, der noch frey, doch schon die zangen fühlt.
MICHAEL.
Ich weiß, dass er auf mich itzt neue marter suche.
PAPIAS.
Dass er auf meinen kopff all angst und elend fluche.
MICHAEL.
Blutdürstigster tyrann! Hat wohl die große welt
Ein dir gleich tiegerthier? Hat das verbrennte feld
Des wüsten Lybiens so ungeheure leuen?
Kan uns die hölle selbst mit mehrer mord-lust dräuen?
Verfluchter fürst! Ich irr; kan der ein fürste seyn,
An dem nichts fürstlichs ist, auch nicht der minste schein?
Der nur auf heißen mord bey kalten nächten dencket!
Den unser tod ergetzt, den unser leben kräncket?
Der aus dem käyser sich zum kerckermeister macht
Und ärger denn ein sclav um meine fässel wacht?
Den ewig-stete furcht, den sein verletzt gewissen
Noch härter als mich selbst in diamante schließen?
Was sinnet Papias?
PAPIAS.
Mir fällt vor mich nichts ein

Denn eine schnelle flucht.

MICHAEL.

Wo wilst du sicher seyn?
Fleuch hin, wo Amphitrit den heißen sand umpfählet!
Fleuch hin, wo es der erd an sonn und tage fehlet!
Der fürst ist hinder dir und jagt so hurtig nach,
Als der geschwinde falck den tauben an der bach.
Mainst du nicht, dass er schon die wach auf dich verstärcke
Und alle deine tritt auffs heimlichste bemercke?

PAPIAS.

Wir sind (ich steh es zu) ins grimmsten löwen höll.

MICHAEL.

Der unversehne fall ermuntert meine seel
Und schlägt mir mittel vor! Ach! könt ich iemand finden,
Der sich um höchsten lohn so viel wolt unterwinden,
Dass er, und zwar alsbald, zwey wort trüg in die stadt!
Es leben, die noch gehn um meine noth zu rath,
Die um mein heil bemüht; sie würden alles wagen,
Möcht ihnen meine schrifft ein treuer freund vortragen.

PAPIAS.

Ein freund? der ist nicht fern.

MICHAEL.

Wer?

PAPIAS.

Unser Theoctist.

MICHAEL.

Recht!

PAPIAS.

Doch wie eröffnet man das thor der burg?

MICHAEL.

Durch list.
Gib mir papir und dint; in so bewandten sachen
Muss uns die angst behertzt, gefahr verständig machen.

PAPIAS.

Diß ist ein kurtzer brief!

MICHAEL.

Ich schreibe zwar nicht viel,
Doch der es lesen soll, versteht schon, was ich wil.
Wir wollen das papier nun gantz mit wachs bedecken.

PAPIAS.

So kan es, der es trägt, in seinen mund verstecken.

MICHAEL.

Diß ist die große nacht, in der, was Jesum ehrt,
Bejauchzet seine kripp und heilge lust vermehrt
Durch abgelegte schuld auf priesterlich entbinden.
Die zeit ist recht vor mich und hilfft mir weg erfinden,
Zu gehn durch wach und thor. Gib vor, dass ich begehrt
(Was christen nie versagt und sterbenden gewehrt),
Den geist mit unserm gott in andacht auszusöhnen
Und mein verdammtes haupt durch ernste reu zu krönen.
Auch einen priester heisch, auf dessen trost der tod
Mir nicht mehr tödlich sey! Man wird in letzter noth
Mir seuffzendem so viel nicht füglich weigern können.
Wil man dem Theoctist den ausgang nun vergönnen,
So gib ihm, was ich schrieb! Er klopffe sicher an
An des von Cramben hauß und stell ihm, wie er kan,
Den brief ohn argwohn zu! Wo ich aus dieser ketten,
Aus dieser pein, die mich wil in den abgrund treten,
Aus dieser flut, die mir biss an die lippe geht,
Von diesem messer, das an meiner gurgel steht,
Von diesem sturm, der sich um meinen kahn erreget,
Und donner, der um mich mit lichten blitzen schläget,
Errettet, diese grufft des kerckers lassen soll,
So ist mein leben dein, so geh es beyden wol!
So glaube, dass dein dienst, was du nicht kanst begehren
Und ich nur geben kan, dir reichlich wird gewähren.
Dafern die flamme denn mich gantz verzehren will,
So hab ich doch versucht, was möglich, und du viel.
Es komme nun was kan! Entweder du wirst stehen
Durch mich und neben mir stets, oder bald vergehen.

Reyen der hoffe-junckern.

Satz.

Fallen wir der meynung bey,
Dass die verhängniss uns vor unserem zufall schrecke,
Dass ein gespenst, ein traum, ein zeichen offt entdecke,
Was zu erwarten sey?
Oder ists nur phantasey, die den müden geist betrübet,
Welcher, weil er in dem cörper, seinen eignen kummer liebet?

Gegensatz.

Sol die seel auch selber sehn,
Alsbald der süße schlaff den leib hat überwunden,
(In welchem, wie man lehrt, sie gleichfalls angebunden)
Was zu hoffen, was geschehn?
Die der seuchen pest auszehrt, die der nahe tod umfasset,
Haben freylich offt verkündet, was sich fand, wenn sie erblasset.

Zusatz.

Wir, die alles uns zu wissen,
Von der ersten zeit beflissen,
Können gleichwohl nicht ergründen,
Was wir täglich vor uns finden.
Die der himmel warnt durch zeichen,
Können kaum, ja nicht entweichen;
Auch viel, indem sie sich den tod bemüht zu fliehen,
Sieht man dem tod entgegen ziehen.

Die vierdte abhandelung.

Der erste eingang.

Der 2. und 3. zusammen-geschworne.

2. VERSCHWORENER.
Du glaubst denn durch diß werck, das gott und mensch verflucht,
Dass wider ehr und recht zu finden, was man sucht?
Bedencke! soll ein geist, soll ein betrüger sagen,
Was man verrichten wird? Soll er, auf was wir fragen,
Antworten sonder list? Wer solchen rath begehrt,
Laufft in sein eigen grab.

3. VERSCHWORENER.
Diß spiel geht so verkehrt,
Dass uns kein rechter weg mehr wird zu ende führen.
Wir haben stand und gut und leben zu verliehren.
Bey frembden seuchen greifft man fremde mittel an.

2. VERSCHWORENER.
Ja mittel! wenn man nur dadurch was helffen kan!
Du wirst hier leider nichts, als solche wort erlangen,
Die den, die jenen sinn nach iedes kopff empfangen.

3. VERSCHWORENER.
Man deut es, wie man wil! Wol! wenn es nur vor mich!

2. VERSCHWORENER.
Man deut es, wie man wil! Wie, wenn es wider dich?

3. VERSCHWORENER.
Hab ich den halß verschertzt, so darff ich mich entschließen,
Den vorgesetzten tod durch rache zu versüßen.
Fällt denn der ausspruch gut, so bleib ich unverzagt,
Weil man sich nicht umsonst in solchen anschlag wagt.

2. VERSCHWORENER.
Viel besser, sonder schuld, dafern es fehlt, gestorben,
Und sonder schuld den sieg, dafern es glückt, erworben.

3. VERSCHWORENER.
Ich kann nicht zwischen furcht und zweiffel länger stehn.
Du magst, wo dir geliebt, zu dem von Cramben gehn.
Ich folg ohn alle fehl. Doch halt diß thun verschwiegen!
Diß ist Jamblichus hauß.

2. VERSCHWORENER.
Die werckstatt toller lügen.

Der ander eingang.

Der 3. Verschworene: Jamblichius, ein knabe, der höllische geist.

JAMBLICHIUS.
Wer klopfft?
VERSCHWORENER.
Thu auf!
JAMBLICHIUS.
Wer ists?
VERSCHWORENER.
Dein freund!
JAMBLICHIUS.
Wer ists?
VERSCHWORENER.
Gib acht!
JAMBLICHIUS.
Ey, wie so spät! es ist fern über mitternacht.
Astree steigt herauf; der bähr ist umgekehret.
Ich habe mit verdruss dein ankunfft längst begehret.
Die recht bequeme zeit entgeht uns aus der hand,
Die geister halten nicht all augenblicke stand.
VERSCHWORENER.
Ich kont aus meinem hof, um argwohn zu vermeiden,
Nicht eher, biss der schlaff all eingenommen scheiden.
Du weist, warum ich komm; ich habe den verlauff
Des wercks dir heut erzehlt. Halt mich nicht länger auf!
JAMBLICHIUS.
Gantz nicht. Nur bleib behertzt! man richtet an dem orte
Mit zittern wenig aus. Enthalt dich aller worte!
Schreit aus dem circkel nicht! Die schlingen binde loß!
Entgürte deinen leib! Der lincke fuß sey bloß!
Mein sohn bring uns den zeug, durch den ich blitz errege
Und leichen aufferweck und Hecaten bewege!
Lös auf mein greises haar! nimm diese hauben hin
Und diß gemeine kleid! Du must den schuch abziehn.
Wo ist der weiße rock mit bildern ausgestricket,
Der auf gesetzte zeit durch keusche hand gesticket?

Das licht von jungfernwachs und kinderschmalz gemacht?
Die ruthe, die ich nechst, als zwischen tag und nacht
Die gleiche sonnen stund, aus vielen haselsträuchern
Mit schwerer müh erkohr? Gib Ypen! gib zu räuchern!
Umwinde mir dreymahl den kopff mit diesem band!^
Schütt aus die todtenbein! Steck an die dürre hand!
So lang als hier vor uns die lichten finger brennen,
Müss uns kein fremder mann, kein fremdes aug erkennen!
Diß sey der erste ring, diß sey der letzte kreiß,
Hieher gehört der kopff, hieher das tuch mit schweiß
Der sterbenden genetzt, die eingebundnen hertzen.
Hieher die frauen-haut, die in den kinder-schmertzen
Durch diese faust erwürgt; die kräuter zwischen ein,
Die ich mit ertz abschnitt bey stillem mondenschein.
Gib achtung, ob ich recht die zeichen auffgeschrieben;
Ob nichts, was nöthig ist, sey unterwegen blieben!
Schrecklicher könig der mächtigen geister! Printze der lüffte,
  besitzer der welt!
Herrscher der immerdar-finsteren nächte, der tod und höllen
  gesetze vorstellt!
Der, was vor ewigen zeiten verschwunden,
Der, was die künfftig einbrechende stunden
Den sterblichen gesetzt, der was noch ietzund blüht,
Und was zutreten wird, als gegenwärtig sieht,
Leide, dass ich dein geweyhter dich grüße! Leide, dass ich deine
  sinnen ergründe!
Gönne doch, dass in so wichtiger sache, ich was zu thun, was zu
  lassen, erfinde!
Lass, wie diß blut aus der ader entspringet,
Lass, wie der rauch in die lüffte vordringet,
Lass, wo dich ie ergetzt, was dir zu dienst geschehn,
Uns des so schweren wercks gewünschten ausgang sehn!
Der du alle list erdacht,
Der du gifft zu wegen bracht,
Den der weise brachman ehrt,
Und der nackte lehrer[8] hört,
Den der Indian gekrönt
Und mit menschen-blut versöhnt,
Dem Chartag' ihr kind umbracht,
Dem der Scythe gäste schlacht,
Den man in der Jüden land[9]
Erster mütter frucht verbrandt,

Dem der Celte köpff auffhenckt
Und gefangner leben schenckt!
Wo du dem, welcher dir die knie geneiget,
Offt in gestalt der schlangen dich gezeiget;
Wo dir geliebt, in ungeheuren hecken
Durch zeichen, durch gesicht, durch licht uns zu erschrecken;
Wo deine lust, die lüffte zu bewegen,
Mit blitz und donnerschlägen,
Wo deine krafft sich findt in unterirrd'schen klüfften,
In kalter leichen grüfften;
Wo die verborgnen schätze
Sind unter deiner hut;
Wo nichts, das dich ergetze,
Geht über menschen blut;
Wo du mit toller brunst die sinnen kanst entzünden
Und ware lieb auffbinden,
Wo du in nympffen dich und nixen offt verstellet
Und dich zu frau und mann gesellet;
Wo du die frau dem mann und dieser den verschlossen,
Dass sie keiner eh genossen;
Wo du durch brüder hand die brüder hast getödtet
Und den unschamhafften sohn durch der eltern blut errötet;
Wo du, was künfftig offt erklärt,
In einer jungfraun eingeweide,
Die durch des eignen vaters schwerdt
Geopffert in der wüsten heide;
Wo eines knaben abgehauen haupt[10]
Durch dich, was man nicht wust, entdecket;
Wofern ein kind, das von der brust geraubt,
Mit nutz dir an den pfahl gestecket;
Wo einer schwangern leib noch lebend auffgeschnitten,
Um dir genung zu thun, um dich zu überbitten;
Wo eine mutter selbst, was sie gebahr, verzehrt,
Als du dich günstig hast zu ihr gekehrt;
Wo ich dein priester bin, der niemals unterließ
Mit solchen opffern dich zu ehren;
Wo ich der frauen hertz warm aus den brüsten rieß:
So lass mich gnädig antwort hören!
Wo ich, was heilig, stets entweyet,
Und was gesegnet ist, vermaledeyet,
Sol unbeflecktes blut ich morgen dir vergießen:
So lass mich klärlich antwort wissen!

Wo die verborgne krafft der fremden wort und zeichen,
Die ich beginne,
Dich, herrscher! mächtig zu erweichen:
So gib, dass ich, was ich begehrt, gewinne!

Nach diesem macht er etliche fremde zeichen und murmelt eine zimliche weile.

Sehr wol! ich bin erhört; der sternen glantz erbleicht,
Der himmel steht bestürtzt, der löw, der bähr entweicht,
Die jungfrau scheust zurück, die dicken lüffte blitzen,
Der erden grund erbebt, die wächsne bilder schwitzen.
Wie raast die Hecate! die flammen brechen vor!
Erschrick nicht! Schau! der geist! Hier dient ein achtsam ohr.

DER GEIST.
Des käysers thron zubricht, doch mehr durch list als stärcke.
Wo man kein blut vergeust, geht man mit mord zu wercke.
Der kercker wird erhöht, wo euch nicht zwytracht schlägt.
Du, suche keinen lohn! Dir wird, was Leo trägt.[11]

JAMBLICHIUS.
Vollbracht! Wirff hinter dich, mein sohn, was ich dir gebe!
Schau nicht zurücke! still! Bleib, biss der geist auffhebe!
Er fleucht! Raum alles weg! Trag ruthen, zeug und licht
An den bestimmten ort? Wie? taug die antwort nicht?
Wie stehst du so bestürtzt?

VERSCHWORENER.
Mir zittern alle glieder;
Ich weiß nicht von mir selbst.

JAMBLICHIUS.
Ist dir der spruch zuwieder?

VERSCHWORENER.
Nein warlich! ob er zwar in etwas dunckel scheint.
Ich bitt, erkläre mir, was er vor örter meint,
Da man kein blut vergeust.

JAMBLICHIUS.
Die durch das recht befreyet,
Als kirchen, als altar und was mehr eingeweyhet.

VERSCHWORENER.
Doch wie versteh ich diß: du suche keinen lohn?
Dir wird, was Leo trägt?

JAMBLICHIUS.
Was trägt er als die cron?

VERSCHWORENER.
Genung, du solst mich nicht mein freund undanckbar finden.
Die angesetzte zeit wil, denck ich, fast verschwinden.
Ich geh.
JAMBLICHIUS.
Er fängt das werck zwar unerschrocken an
Und führt es glücklich aus, doch wo ich rathen kan,
Mit klein und keinem nutz. Was uns der geist erkläret,
Sieht doppelsinnig aus. Dir wird zu lohn beschehret,
Was Leo trägt. Ja wol! Was trägt er? Cron und tod.
Ich fürchte, dass man dich erdrück in gleicher noth.
Ich habe die gefahr vorsetzlich dir verborgen;
Doch was der abend nicht entdeckt, das lehrt der morgen.

Der dritte eingang.

Der von Crambe. Die zusammen geschwornen. Ein diener.

So gehts! Wenn uns das glück mit süßem mund anlacht,
Denn trotzen wir den tod und brechen alle macht
Der strengen scepter ein; denn muss der grund der erden
Erzittern unter uns und schier zu aschen werden.
Wir reißen berg entzwey und spalten felsen auf;
Wir hemmen schier dem Pont den strudelreichen lauff,
Der Ister muss sich nicht auf unser land ergießen;
Die große Thetis selbst lernt vor uns stiller fließen.
Wir gehen bündnis ein, die mächtig, was die welt
Und der gewölckte bau in seinen schrancken hält,
Zu zwingen an ein joch. Doch wenn die lüfft erhitzen
Und dicker wolcken nacht uns wil zu lichte blitzen,
Weiß niemand, wo wir sind; der große muth vergeht
Als schnee. Wenn Titan nun des widers horn erhöht,
So schnell als uns der mund, so langsam sind die hände.
Der anfang brennt und glüet, das mittel mit dem ende
Verkehrt die kält in eyß.
4. VERSCHWORENER.
Ruckt uns diß iemand auf?
Uns, die die grimme noth nicht in dem schnellen lauff
Der rach auffhalten mag? die schier die glut umgeben,
In welcher Michael für unser gut und leben
Leib, blut und geist auffsetzt? Uns, die die herbe nacht
Einmüthig, sonder furcht und argwohn durchgebracht?

Uns, die biss noch von nichts, als wie sein schloss zu brechen,
Und wie der, der ihn stürtzt, vom thron zu stürtzen, sprechen?

CRAMBE.

Da als der löw auf blut und mord und würgen drang,
War kein behertzter held, der ihm entgegensprang.

4. VERSCHWORENER.

Wer, wo kein vortheil ist, ein grimmes thier verletzet,
Gleicht dem, der ohne pfeil und hunde leuen hetzet.

CRAMBE.

Man greifft wo, wenn und wie man mag, tyrannen an.

4. VERSCHWORENER.

Der warnt, wer nicht zugleich angreifft und tödten kan.

CRAMBE.

Ein schnelles schwerdt verricht weit mehr denn langes dichten.

4. VERSCHWORENER.

Ein kluger kopff kan mehr den tausend spieß ausrichten.

CRAMBE.

Wer alles überlegt, führt keinen anschlag aus.

4. VERSCHWORENER.

Schickt thoren nach der glut, so brennt eur gantzes hauß.

CRAMBE.

Kan nun ein kluger kopf des käysers flamme dämpffen?

4. VERSCHWORENER.

Kan nun ein schnelles schwerdt mit so viel scharen kämpffen?

CRAMBE.

Wer zweiffelt?

4. VERSCHWORENER.

Zwar nicht ich, der deinen muth erkant,
Dafern man sonder feind.

CRAMBE.

Schau an denn, ob die hand
Dem muth in kräfften gleich!

1. VERSCHWORENER.

Was thut ihr?

4. VERSCHWORENER.

Last versuchen,
Ob er so hoch behertzt zu fechten als zu fluchen!

CRAMBE.

Lass loß! Lass loß! Wie nun?

4. VERSCHWORENER.

Ich bitt euch, halt mich nicht!

2. VERSCHWORENER.

Bedenckt doch, wo wir sind! Diß tolle rasen bricht
Den festen bund entwey; Diß wütten wird entdecken,
Was wir mit so viel list und eyden kaum verstecken.
Habt ihr zu kämpffen sinn, stoßt das beherzte schwerdt
In des tyrannen brust, der euren tod begehrt.
Rennt die trabanten an, die maur und thor besetzen,
Die um den kercker stehn! Wenn wir uns selbst verletzen,
So ist es, Michael! um deinen halß gethan,
So fallen wir mit dir, so gehn wir eine bahn
Nach der entdeckten grufft. Kan Leo mehr begehren,
Als dass wir unser schwerdt auf unsre hertzen kehren?

4. VERSCHWORENER.

Er ist nicht der, der mich und ieden trotzen kan.

CRAMBE.

Noch er, der mich und euch soll höhnen.

2. VERSCHWORENER.

Schaut doch an
Die angst, so uns umgiebt. Die auf den wellen rasen,
Wenn die ergrimmten nord in alle segel blasen,
Wenn das bestürmte schiff von klipp auf klippen rennt
Und sich bald hie bald dort in stück und scheiter trennt,
Sind unwerth, dass ein mann ihr schweres ach beklage.
Gebt meinem rath gehör und löscht am ersten tage
Mit unsers feindes blut die heißen flammen aus!
Muth, künheit, leib und ruhm und unser heil und hauß
Erfordert diß von euch. Der mag der stärckste bleiben,
Der durch die gurgel wird sein schwerdt dem käyser treiben.
Mehr giebt die stille zeit der schwartzen nacht nicht zu.
Geht, biss die morgenröth uns wieder rufft, zu ruh!

CRAMBE.

Wer da?

DIENER.

Mein herr!

CRAMBE.

Was ists?

DIENER.

Ein fremder an der thüren
Begehrt, ich woll alsbald ihn in diß zimmer führen.

6. VERSCHWORENER.

Wir sind verrathen!

CRAMBE.
Frag ihn, was er dann begehr.
DIENER.
Er schlägt mir nachricht ab.
1. VERSCHWORENER.
O unfall!
2. VERSCHWORENER.
Ins gewehr!
CRAMBE.
Wen führt er an der seit?
DIENER.
Er ist, mein herr! alleine.
CRAMBE.
Gewaffnet?
DIENER.
Nein.
CRAMBE.
Sagt an, was dünckt euch?
6. VERSCHWORENER.
Ich vermeine,
Dass die zusammenkunfft durch falsche freund entdeckt
Und rotten um den hof, volck um den platz versteckt,
Dass man mit list zu uns gesonnen einzudringen,
Indem der käyser uns heist bey der nacht bespringen.
1. VERSCHWORENER.
Umsonst! so lang ich noch die finger regen kan.
Ihr helden sonder furcht! es geht uns sämmtlich an.
Viel besser, seinen feind mit eigner leich erdrücket,
Als in der hencker strick ohn gegenwehr ersticket.
CRAMBE.
Wer weiß noch, ob es so? Ich wil ins vorhauß gehn
Und forschen, wer es sey.
2. VERSCHWORENER.
Wir wollen bey dir stehn,
Weil uns die brust hier klopfft.
CRAMBE.
Bleibt ihr allhie verborgen,
Biss ihr mich ruffen hört! Wer weiß, ob unser sorgen
Nicht eitel?
2. VERSCHWORENER.
Stelle dich, als ob du erst erwacht!

CRAMBE.
Wol.
2. VERSCHWORENER.
Reiß die kleider loß! Ach kummer-reiche nacht!
3. VERSCHWORENER.
Aus kummer wird die ruh, aus unlust lust gebohren.
Die vors gemeine gut zusammen sich verschworen,
Die muntert arbeit auf.
2. VERSCHWORENER.
Mich schreckt die arbeit nicht.
Wer sich vor noth entsetzt, dafern die angst einbricht,
Und das gesteckte ziel verkehrt, muss untergehn.
Wenn helden nach der angst auf schmertz und grabe stehn,
Der seuffzer reizt mich an, gleich als der flammen macht,
Die man verbergen wil, in ihrer eng erkracht
Und durch das krachen lebt.
1. VERSCHWORENER.
Wol helden! spart die worte
Und greifft die waffen an! Wir stehn auf diesem orte,
Auf dem man siegen muss.
2. VERSCHWORENER.
Wenn Leo unterliegt,
So hab ich (fall ich gleich auf seinen leib) gesiegt.
1. VERSCHWORENER.
Recht! der ist lobens werth, der wenn er nun muss springen,
Diß was ihn zwingen wil, kan mit zu boden dringen.

Der vierdte eingang.

Der von Crambe. Die verschworenen.

CRAMBE.
Nur muth! die furcht ist falsch, die uns ietzt überfiel.
Ihr kennt den Theoctist?
1. VERSCHWORENER.
Was ist diß vor ein spiel?
CRAMBE.
Durch ihn läst Michael uns seine meynung wissen.
2. VERSCHWORENER.
Wie? Mündlich?
CRAMBE.
Nein, durch schrifft.

1. VERSCHWORENER.
Last uns den brief entschließen!
CRAMBE.
Es ist ein klein papier, mit wachs ganz überdeckt.
3. VERSCHWORENER.
Gemach! Es geht schon ab. Hier ist die schrifft versteckt.
4. VERSCHWORENER.
Ist diß sein petschaft?
CRAMBE.
Ja.
6. VERSCHWORENER.
Was mag ihn doch beschweren?
CRAMBE.
Ist diß wol fragens werth?
1. VERSCHWORENER.
Komm! ließ uns sein begehren!
CRAMBE.
Durch euch komm ich, und ihr durch mich, in höchste noth:
Sieht mich der morgen hier, so schaut ihr pein und tod.
1. VERSCHWORENER.
Ich schaue keinen weg, ihm noch die nacht zu rathen.
Die burg ist starck besetzt, die thore mit soldaten
Versichert um und um, der ehrnen riegel macht
Schleust allen zugang ab.
3. VERSCHWORENER.
Hat er zuwegen bracht,
Dass Theoctist den weg durch thor und schloss gefunden,
Warum denn zweiffeln wir? wir? die wir nicht gebunden?
1. VERSCHWORENER.
Ein mensch kommt leichter von dem hof, als viel hinauf.
CRAMBE.
Vermag ein einger mensch mehr denn ein gantzer hauff?
1. VERSCHWORENER.
Ja freylich, wenn man sich in fuchsfell muss verkleiden.
CRAMBE.
Es gilt die leuen-haut.
1. VERSCHWORENER.
Diß wil die zeit nicht leiden.
CRAMBE.
Dafern uns, was er dreut, den morgen überfällt,
So lassen wir durch qual, verschimpfft, umsonst die welt.

2. VERSCHWORENER.
Es sey nun, dass man uns dem käyser hab entdecket,
Es sey, dass Michael uns nur durch wort erschrecket,
So rath ich: saumt nicht mehr! Diß was wir ingemein
Beschlossen, glaubt es fest! kan nicht verschwiegen seyn,
Dafern man länger ruht.
5. VERSCHWORENER.
Ist iemand hier zu finden,
Dem man verrätherey mit warheit könn auffbinden?
2. VERSCHWORENER.
Betreug dich selber nicht! Das todte marmor hört,
Was man von fürsten dacht. Diß bild, der pfeiler lehrt,
Was wieder sie gemeldt, und kan von unrath sagen.
1. VERSCHWORENER.
Unraths mehr denn zu viel! Last uns nach rath umfragen!
CRAMBE.
Schafft auffruhr in der stadt!
1. VERSCHWORENER.
Wie? Wann? in einem nu?
2. VERSCHWORENER.
Erbrecht die burg mit gold!
2. VERSCHWORENER.
Wer spricht der wache zu?
Wer liefert uns das gold. Wird man so raue sinnen
Und so viel toller köpff in einer uhr gewinnen?
5. VERSCHWORENER.
Hört meinen anschlag an! Wenn man den vierdten theil
Der nacht ausblasen wird, muss in geschwinder eil
Die reyh der priester, der die schloss-kirch anbefohlen,
Sich finden auf die burg. Man kan mit ihr verholen
Eindringen durch die wach. Es wird mit höchster pracht
Das heilig hohe fest der freuden-reichen nacht,
In der die jungfrau hat des höchsten sohn gebohren,
In dessen gegenwart, auf dem wir uns verschworen,
Begangen, wie man pflegt. Auf denn! und legt euch an
Als priester! Werfft den helm, und was uns hindern kan,
Nur hin! Das schwerdt verbergt in ausgehölte kertzen
Und nehmt den tempel ein, biss dass der brunn der schmertzen,
Das ungeheure thier, unwissend seiner noth,
Unwissend dieser macht, dem längst-verdienten tod
Sich einzuliefern komm!

1. VERSCHWORENER.
Hier ist zu überlegen,
Mein bruder, was zu thun? Wenn iemand auf den wegen,
Ja in dem tempel selbst uns in dem kleid erkennt,
Das uns nicht zimlich ist?
2. VERSCHWORENER.
Wenn uns die wach anrennt?
5. VERSCHWORENER.
Schlagt allen kummer aus! Das dunckel deckt die gassen;
Die priester pflegt man stracks ohn einred einzulassen;
Des tempels weiter raum versichert vor gefahr,
Biss dass der fürst erscheint; denn werfft ihn auf die bahr!
3. VERSCHWORENER.
Noch eins! Wir müssen all auf einmahl ihn bespringen;
Verzieht denn, biss man hör ihn mit den priester singen!
5. VERSCHWORENER.
Diß mag das zeichen sein: Wenn man das ander lied
Anstimmen wird, so geht und reißt das todte glied
Des großen reichs hinweg!
3. VERSCHWORENER.
Wir haben zeit zu eilen.
Sagt an, wo ihr bedacht in dessen zu verweilen!
CRAMBE.
Warum? Wo denkst du hin?
3. VERSCHWORENER.
Ich wil mich um ein kleid
Bekümmern.
CRAMBE.
Sonder noth! Man sol ohn unterscheid
Uns was erfordert wird, in meinem hause reichen.
Ich bitt euch, last uns nicht mehr von einander weichen
Biss nach vollbrachter that!
1. VERSCHWORENER.
Die grimme noth verbindt
Uns alle. Wo ihr nun die innren kräfft empfindt,
Und eu'r entbrandter muth die unversehnen pfeile
Der schwartzen angst verlacht, wo ihr die donnerkeile,
Die stürme rauen glücks als felsen in der see
Ohn eine furcht besiegt, wo euch die grause höh
Der klipp, auf der wir stehn, in keinen schwindel stürtzet:
So haben wir die macht der tyranney verkürtzet.
Wo euch der ernste blick des todes zaghafft macht,

So glaubt, dass unser fall bestimmt nach dieser nacht.
Viel besser denn, sein blut und muth und gut und leben
Für das gemeine best, als schändlich hingegeben.
Mit kurtzem: hier ist ruhm, wo euch die ehr ansteckt;
Hier noth, wofern die noth den schlaffen muth erweckt.

CRAMBE.

Diß schwerdt, das ich anietzt mit dieser hand entdecke,
Bezeug es, wer ich sey! Wo ich den stahl nicht stecke
Dem leuen in die brust, so fahr er durch mein hertz!
Euch bit ich: stoß ich nicht, wo mich der grimme schmertz
Den arm nicht regen lässt, so stoßt mich selbst zu grunde!

1. VERSCHWORENER.

Diß ist mein vorsatz auch. Ich red es mit dem munde,
Ich schwer es mit der faust. Die that soll bürge seyn,
Dass ich tyrannen feind, dass keine furcht der pein
Bestritten meinen geist. Die stunde sol erklären,
Ob dieser muth zu klein, den thron in nichts zu kehren.

3. VERSCHWORENER.

Versichert euch diß fest, dass ieder willig geh,
Wohin diß werck uns rufft! Eh'r wird die glut in schnee,
Die flamm in gläsern eyß, das meer in graß sich wandeln,
Eh ich entgeistert stehn den anschlag abzuhandeln.

CRAMBE.

Gold wird durch glut, ein held durch angst und ach bewehrt;
Wer furchtsam, leb in noth; wer muthig, zuck' ein schwerdt.
Wolan denn! folgt! ich selbst wil euch in zimmer führen,
In welchem unschwer, euch auf geistlich auszuziehren.

Reyen der priester und jungfrauen.

I satz.

JUNGFRAUEN.

  Die freudenreiche nacht,
In der das wahre licht selbständig uns erschienen,
In welcher der, dem erd und see und himmel dienen,
  Vor dem die höll erkracht,
Durch den, was athem holt, muss leben,
Sich in das thränenthal begeben,
In welcher gott kam von der wolcken zelt,
Die wehrte nacht erquickt die große welt.

I gegensatz.

PRIESTER.

Der immerhelle glantz,
Den finsternis verhüllt, den dunckel hat verborgen,
Reißt nun die deck entzwey, die sonne, die eh morgen,
Eh der besternte krantz
Der himmel weiten bau geschmücket,
Eh ewigkeit selbst vorgeblicket,
Hervor gestralt, in schimmerndlichter pracht,
Geht plötzlich auf in schwartzer mitternacht.

I zusatz.

PRIESTER UND JUNGFRAUEN.

Erden steh! der himmel bricht,
Doch nicht zutrennt von heißen donnerkeilen.
Schau das geschöpff der engel zu uns eilen,
Weil der schöpffer uns zuspricht,
Doch nicht mehr mit schweren wettern, nicht mit grimmer glut umringet!
Ach! man hört sein zartes winseln, weil sein hohes feldheer singet!

II satz.

PRIESTER.

Wir irrten sonder licht,
Verbannt in schwartze nacht durch gottes ernstes fluchen;
Drum will der segensheld uns in dem finstern suchen.
Hört ihr sein ruffen nicht?
Ihr, die des höchsten bild verlohren,
Schaut auf das bild, das euch gebohren!
Fragt nicht, warum es in dem stall einzieh!
Er sucht uns, die mehr viehisch als ein vieh.

II gegensatz.

JUNGFRAUEN.

Der schatten nimmt ein end,
Die alte prophecey wird durch diß kind erfüllet.
Durch seine thränen wird der höllen glut gestillet;
Es beut uns mund und händ.
Könnt ihr nicht unsre glieder kennen?
Wir mögen gott nun bruder nennen!
Er ist nicht mehr ein feuer, das verzehrt;
Der HERR hat sich in einen knecht verkehrt.

II zusatz.

PRIESTER UND JUNGFRAUEN.

    Ehre sey dem in der höh,
  Der unser fleisch mehr als zu hoch verehret!
  Der seine güt unendlich hat vermehret!
    Sein stets fester friede steh
  Länger, als die sonn uns schein! Dieses kind verleyh uns allen,
  Dass wir wollen seinen willen, dass wir stets ihm wol gefallen!

Die fünffte abhandelung.

Der erste eingang.

Theodosia schlummert auff einem stuhl. Vor ihr stehet ihrer frauen mutter geist, wie er allhier beschrieben wird, welcher, in dem sie auffwachet, verschwindet.
Theodosia. Phronesis. Der oberste priester. Ein bothe.

THEODOSIA.
Ach! grauen volle nacht! Ha! schreckenreiche zeit!
Betrübte finsternis! Muss denn das grimme leid
Des kummers auch die ruh des müden schlaffs bestreiten?
Umgibt denn throne nichts als raue bitterkeiten?
PHRONESIS.
Klagt ihre majestät? Was ists, das sie beschwert?
THEODOSIA.
Uns hat ein herber traum die kurtze rast gewehrt.
Die kalte brust erstarrt, doch schwitzen alle glieder;
Der gantze leib erbebt. Wir satzten uns was nieder,
Als wir auffs fest geschmückt. Wie sich die seel besan
Und jene jahr betracht, stiß uns ein schlummern an.
Die erden, wie uns daucht, hub an entzwey zu springen;
Die mutter schauten wir aus ihrem grabe dringen,
Nicht fröhlich, als sie pflag, wenn sie den tag begieng,
Nicht, wie der vater sie mit reichem gold umhieng,
Der purpur war entzwey, ihr kleid lag gantz zurissen,
Die brust und armen bloß, sie stund auf bloßen füßen.
Kein demant, kein rubin umgab ihr schönes har,
Das leider gantz zurauffт und nass von thränen war.
Wir küssten ihr gesicht und rufften: Ach! willkommen!
Wilkommen, wehrte frau! Nun ist uns nichts benommen,
Nun dich der herren HERR, den du so steiff geliebt,
Aus deiner gruben reißt und deinem kinde gibt.
Leg alle leid-tracht hin und singe dem zu ehren,
Der in der krippen lacht! Die wüste klippen hören
Der engel jauchtzen an! Die enge see erklingt,
Indem Bizantz voll lust danck über danck anbringt.
Ach! sprach sie, ach, mein kind! und wand die blassen hände,
Es ist nicht jauchzens zeit! Dein herrschen laufft zu ende.

Auf! wo es nicht zu spät (wo man noch retten kan,
Nach dem der tod schon greifft) und rette sohn und mann!
Die heilge nacht bedeckt die höchsten missethaten,
Die sichre kirche mord! Ach! dir ist nicht zu rathen!
Sie wolte noch was mehr, als eine thränen bach
Von beyden wangen schoss und ihre worte brach.
Ihr kam ein blutig schweiß auf iedes glied gefahren;
Die tropffen hiengen als corallen an den haaren.
Als sie (eh wir vermeynt,) in leichtem wind verschwand,
Wurd unser purpur-kleid[12] in einen sack verwand.
Wir irrten gantz allein in unbekandten wüsten,
In welchen grimme bär und rauhe tyger nüsten,
Biss ein erhitztes thier die klauen auf uns schmiss
Und beyde brüst abhieb und unser hertz ausriss.
Da rieb die angst den schlaff von den bethränten wangen.
Was hat, der alles weiß, doch über uns verhangen!
Allwesend ewigkeit! lass deiner blitzen macht,
Der ernsten donner-gluth, und was die ernste nacht
Dräut deiner armen magd, in tieffste gunst verschwinden!
Doch, bitten wir umsonst, so lass diß haupt empfinden,
Was dein gericht ausspricht! Nimm uns zu opffer an
Vor den, ohn den das reich nicht ruhig leben kan!

PHRONESIS.

Wo sorgen, da sind träum. Ein kummer-voll gewissen
Entsetzt sich auch ob dem, das wir nicht fürchten müssen.

THEODOSIA.

Wo scepter, da ist furcht!

PHRONESIS.

Furcht ist nur spiel und spott,
Wo nichts zu fürchten ist.

THEODOSIA.

O wolte! wollte gott!
Wo ist der fürst?

PHRONESIS.

Voran, zum gottsdienst.

THEODOSIA.

Wir verweilen
Uns warlich hier zu lang! Auf jungfern! last uns eilen!

OBERSTER PRIESTER.

Mord! Mord!

THEODOSIA.

Hilff gott! was ists?

PRIESTER.
Mord! Mord!
PHRONESIS.
Wo?
PRIESTER.
Beym altar!
THEODOSIA.
O himmel! unser traum ist leider viel zu wahr!
PHRONESIS.
Princessin! sie bestürbt! Schaut wang und lipp erbleichen!
Der augenstern erstarrt als in entseelten leichen!
Bringt balsam! narden! wein! princessin! Sie vergeht!
Princessin!
THEODOSIA.
Ach sind wir zu diesem fall erhöht!
Wo rührt das unglück her?
PRIESTER.
Ich kan den grund nicht wissen.
THEODOSIA.
Wo ist der fürst?
PRIESTER.
Er blieb noch, als ich ausgerissen.
THEODOSIA.
Er blieb? ja wol er blieb, der nicht entkommen kan!
PHRONESIS.
Ist iemand angeränt.
PRIESTER.
Schaut meine wunden an!
THEODOSIA.
Erzehle, wie sich denn diß traur-spiel angefangen!
PRIESTER.
Es war das drite theil der finsterniss vergangen,
Als sich der priester reyh in gottes-kirchen drang.
Man hub die lieder an; der süßen seyten klang
Ließ in der stillen zeit sich angenehmer hören.
Ein ieder wurd ermahnt, die große nacht zu ehren,
In welcher der, der gott an macht und wesen gleich,
Aus seiner herrlichkeit, des höchsten vaters reich,
Ankommen in diß fleisch. Die andacht ließ sich spühren
Mit heilig-heißer brunst und steckte hertz und nieren
Durch keusche flamme an. Die seuffzer drungen vor
Und stiegen für dem dunst des weyrauchs hoch empor.

Der fürst hub selber an[13] von Christus heer zu singen,
Das kein tyrann, kein tod, kein hencker können zwingen.
Indem fällt unversehns ein unbekandter hauff
Von allen ecken aus und reißt die schrancken auf,
Die priester von dem volck und chor und tempel scheiden.
Man zeucht in ein einem huy die schwerdter aus den scheiden,
Aus kertzen, stock und rock. Das schimmernde gewehr
Gläntzt schrecklicher bey licht und schüttert hin und her
Den schnellen wiederglantz; ein ieder starrt und zaget
Und weiß nicht, was er thut, und fragt den, der ihn fraget.
Wie wenn der schnelle blitz in hohe tannen fährt
Und äste, stamm und strump in lichte glut verkehrt,
Ein müder wandersmann bey so geschwindem krachen
Nicht anders meynt, als dass er schon dem tod im rachen.
Der grimm bricht endlich loß, die dolchen gehn auf mich.
Eh ich die noth erkennt, empfund ich diesen stich.
Ich schrie: ihr helden schont! schont meiner greisen haare!
Bedenckt die hohe zeit! Ihr würgt bey dem altare
Den, der euch nie verletzt! Sie wichen, als ich rieff,
Und griffen andre an. Der weinte, jener lieff,
Der fiel. Ich bin dem sturm, ich weiß nicht wie, entkommen.

THEODOSIA.

Dem fürsten, zweiffelt nicht! ist leib und reich genommen.
Das wetter schlägt nach ihm. Was sag ich? ach er liegt!
Der tollen feinde list hat über uns gesiegt!
Hat unser linde-seyn die heiße flamm entzündet,
In der, was wir gehabt, gesehn, gewünscht, verschwindet?

PHRONESIS.

Es ist noch unklar.

THEODOSIA.

Wie? kan wol was klärer seyn?

PHRONESIS.

Princessin! sie vertäufft sich vor der zeit in pein.

THEODOSIA.

Princessin sonder printz! Princessin sonder crone!
Princessin sonder land! die aus dem güldnen throne
Der schlag in abgrund stöst!

BOTHE.

Verfluchte grausamkeit!
Nie vor erhörter grimm! niemals verhofftes leid!
Hat diß der christen-feind, der Bulgar ie verübet?
Hat der erhitzte Pers, und wer nur todschlag liebet,

Der wüste Scyth versucht?

THEODOSIA.

Wir wissen, was er klagt.
Uns geht sein schmertzen an. Fragt! Nein, fragt nicht! Ja, fragt!
Er melde, was er weiß! Heißt ihn doch nichts verstecken!
Wir bilden mehr uns ein, als er uns kan entdecken.

BOTHE.

Die kirchen ist entweyht! Der fürst bey dem altar
Erstoßen! ehre, cron und leben laufft gefahr.

THEODOSIA.

Mag die, die nicht mehr herrscht, was hoffen als die bare?
Komm! meld uns, welches schwerdt uns durch diß hertze fahre!
Die bittet, die gebot. Man zeig uns nur die hand,
Die unser seel entseelt!

BOTHE.

Was des geblütes band,
Was freundschafft, lange gunst, was ruhm-sucht und versprechen
Dem Michael verknüpfft, hat, seine noth zu brechen,
Den bloßen dolch erwischt und in das heiligthum
Sich unerkannt gewagt. Viel hat des fürsten ruhm
Mit tollem neid befleckt; viel, die bey neuen sachen
Und andrer untergang sich hoffen groß zu machen,
Stehn dieser mordschaar bey. Das wüten war entbrannt;
Man rieff: stoß zu! stoß zu! und die bewehrte hand
Schlug nach des priesters haupt aus irrthum, nicht aus rache,
Als unser fürst voll muth bey so verwirrter sache,
Ich weiß nicht wem, das schwerdt aus beyden fäusten riß
Und dem, der auf ihn schlug, nach brust und schädel schmiß,
Biss auf dess feindes stahl die kling als eyß zersprungen.
Er schaute sich umringt, die wachen fern verdrungen,
Die freunde sonder rath; doch stund er unverzagt
Als ein erhitzter löw, der, wenn die strenge jagt
Ihm alle weg abstrickt, mit aufgespanntem rachen
Itzt hund, itzt jäger schreckt und sich sucht frey zu machen.
Umsonst, weil man auf ihn von allen seiten drang,
Dem nun das warme blut aus glied und adern sprang.
Er fühlte, dass die kräfft ihm allgemach entgangen,
Als er das holtz ergriff, an welchem der gehangen,
Der sterbend uns erlöst, den baum, an dem die welt
Von ihrer angst befreyt, damit der tod gefällt,
Für dem die höll erschrickt. Denckt, rufft er, an das leben,
Das sich für eurer seel an dieser last gegeben!

Befleckt des herren blut, das diesen stamm gefärbt,
Mit sünder-blut doch nicht! Hab ich so viel verkärbt,
So schont um dessen angst, den dieser stock getragen,
An Jesus söhn-altar die grimme faust zu schlagen!
Sie starrten auf diß wort, wie wenn ein felß abfällt
Und der erzörnten bach den stoltzen gang auffhält.
Denn steigt die fluth berg-auf, die tobe-wellen brausen,
Biss dass der zehnde schlag mit ungeheurem sausen
Den anhalt überschwemmt und alles mit sich reißt
Und den bemosten stein in tieffe thäler schmeißt.
Der harte Crambonit begont erst recht zu wütten;
Er schrie: Nun ists, tyrann! nun ists nicht zeit zu bitten!
Und schwung sein mordschwerdt auf, das auf den fürsten kam
Und ihm mit einem streich so arm als creutz abnahm.
Man stieß, in dem er fiel, ihn zweymahl durch die brüste.
Ich hab es selbst gesehn, wie er das creutze küsste,
Auf das sein körper sanck, und mit dem kuss verschied,
Wie man die leich umrieß, wie man durch iedes glied
Die stumpffen dolchen zwang, wie Jesus letzte gaben,
Sein theures fleisch und blut, so matte seele laben,
Die ein verschmachtend hertz in letzter angst erfrischt,
Mit käyserlichem blut, (o greuel!) sind vermischt.

THEODOSIA.

Du schwefel-lichte brunst der donnerharten flammen,
Schlag loß! schlag über sie! schlag über uns zusammen!
Brich abgrund! brich entzwey und schlucke, kan es seyn,
Du klufft der ewigkeit! uns und die mörder ein!
Wir irren; nein, nicht sie! Nur uns, nur uns alleine!
Sie auch, doch fern von uns! Wer weinen mag, der weine!
Der augen quell erstarrt. Wie ists? wird unser hertz
In harten stahl verkehrt? Rückt uns der grimme schmertz,
Das fühlen aus der brust? Wird unser leib zur leichen?
Komm, wo der wetterstrahl das haupt nicht wil erreichen,
Wo fern die erde taub, komm du, gewünschter tod!
Du ende schwartzer angst! du port der wilden noth!
Wir ruffen dem umsonst, der die betrübten meidet
Und nur den geist anfällt, der keine drangsal leidet.
Kommt ihr! ihr mörder kommt und kühlt den heißen muth,
Die hell-entbrandte rach in dieser adern blut!
Der fürst ist noch nicht hin, weil wir die glieder regen;
Er lebt in dieser brust. Kommt an und stost den degen
Durch diß, das in mir klopfft! Ein schnelles untergehn

Ist ein gewisser trost, wenn man nicht mehr kan stehn.
OBERSTER PRIESTER.
Princessin! der sie schueff, hat diesen tod verhangen.
THEODOSIA.
Und der verhängt, dass wir nach unser grufft verlangen.
PRIESTER.
Er heißt uns mit gedult umfassen, was uns drückt.
THEODOSIA.
Wie dass er denn gedult nicht mit dem creutze schickt?
PRIESTER.
Mag wol ein übel seyn, das trost nicht könn erreichen?
THEODOSIA.
Mag wol ein übel seyn, das unserm sey zu gleichen?
PRIESTER.
Gott legt uns nicht mehr auf, denn man ertragen kan.
THEODOSIA.
Er nimmt auf einen tag thron, crone, reich und mann.
PRIESTER.
Er nimmt, princessin! das, was er vorhin gegeben.
THEODOSIA.
Nur eines nimmt er nicht, was man nicht wil, das leben.
PRIESTER.
Er prüfft in heißer angst als gold die, die er liebt.
THEODOSIA.
Die, die er hasst, gehn frey, indem er uns betrübt.
PRIESTER.
Der euch die wunde schlägt, kan alle wunden heilen.
THEODOSIA.
Unheilsam ist der schlag, der hertzen kan zutheilen.
PRIESTER.
Was scheidet nicht die zeit! Der tod bricht alles ab.
THEODOSIA.
Der fürst muss vor der zeit in sein betrübtes grab.
PRIESTER.
Der stirbt nicht vor der zeit, der seine zeit beschlossen.
THEODOSIA.
Mit blut, das in der kirch auf gottes tisch vergossen!
PRIESTER.
Man stirbt nicht, wie man wündscht, nur wie der höchste wil.
THEODOSIA.
Wil denn der höchste mord und solche jammer-spiel?

PRIESTER.
Kan wer, der sterblich ist, wol sein gericht begreiffen?
THEODOSIA.
Sprecht so und lehrt das volck vom throne printzen schleiffen!
Halt inn mit deinem trost! Die schmertzen sind zu schwer,
Die wunden sind zu frisch, das klingende gewehr
Erzittert vor der thür. Auf geist! die mörder kommen.
Wolan! last uns getrost dem, den sie uns genommen,
Nachwandern! Auf! mein geist! Die acht den feind nicht viel,
Die käyserlich gelebt und fürstlich sterben wil.
Ade! Weint nicht um mich! Thu auf! hier nutzt kein schließen!
Thu auf! man muss den tod, indem er ankommt, grüßen.

Der ander eingang.

Der erste haufe der verschworenen. Theodosia.

1. VERSCHWORENER.
Das demand-feste joch der grausen tyranney,
Die felsen schwere last der rauen henckerey,
Der scepter von metall, der thron auf blut gesetzet,
Die all-verzehrend angst, die städt und feld verletzet,
Und was ein grimmer fürst noch mehr bringt auf die bahn,
Ist durch uns, ob wohl späth, doch endlich abgethan.
Eur herrschen ist nun aus. Das ungezäumte toben,
Der alle schlagend arm ist in die lufft verstoben.
Lern ietzt, die du regiert, gehorchen und versteh,
Wie offt nur eine nacht sey zwischen fall und höh!
2. VERSCHWORENER.
Das hart bedrängte land, das seiner schweren bürde
Entledigt, schöpffet lufft und jauchzt, nun euer würde
In solchen hohn verfällt; doch klaget iedermann,
Dass man nicht nach verdienst tyrannen straffen kan.
Er liefert einen leib vor tausend schelmereyen.
Wenn ein gemeiner fählt, den fristet kein verzeihen.
Man setzt auf schlechte schuld rad, mordpfahl, rost und herd,
Oel, siedend bley und pech, ein glüend eisern pferd.
Er wird durch boßheit groß und blüht, wenn die vergehn,
Die vor die redligkeit mit hertz und armen stehen.
1. VERSCHWORENER.
Was kan man endlich thun? Wer, was er schafft, auffasst:
Den presst er, biss zu letzt die überhäuffte last

Ihm nack und ruck eindrückt. Darff einer ihm versagen
Mehr, als wol möglich fällt, (wie groß der muth) zu tragen,
Dem schmirt er auffruhr an, der hat das volck verhetzt,
Dem printzen nachgestelt, die majestät verletzt,
Der muss von hier, will er sich nicht selbst an euch wagen.
Tyrannen! eer euch nicht schlägt, wird von euch geschlagen.

THEODOSIA.

So habt ihr, wie ihr rühmt, tyrannen umgebracht?

1. VERSCHWORENER.

Wer zweiffelt?

THEODOSIA.

Hört uns an! Wer setzt euch in die macht?
Wer traut euch dieses schwerdt? Wer hat euch so begabet?
Wer? Der, den ihr nur schmäht. Als er mit höchster pracht
Euch neben sich erhub und schier zu göttern macht,
Wer war er? ein tyrann? Ihr sung't mit andern zungen.
Jetzt, nun das bubenstück, nun euch der mord gelungen,
Heißt er, ich weiß nicht, wie? So lang ein fürste gibt,
Und die, die es nicht werth, als wolverdiente liebt,
Und aller geitz mit gold und ehren sucht zu stillen,
Denn muss sein lob das reich, sein ruhm die welt erfüllen.
So bald er nicht mehr schenckt, ja nicht mehr schencken kan,
So bald er auffruhr strafft, steckt auch die untreu an.
So bald die pest euch reitzt und schelmen sich verbinden,
Die lust zu neuer macht und stadt-sucht leicht entzünden,
Denn heist er ein tyrann. Man lästert den, der liegt.
So wird ein todter löw offt von der maus bekriegt.

2. VERSCHWORENER.

Der löwe, dem diß schwerdt das leben abgekürtzet!

THEODOSIA.

Ruhmswerthe sach! Ihr habt von seinem thron gestürtzet,
Wen? einen? ihr so viel? Ihr habt in schwartzer nacht,
Verräther! mehr durch list, als wunden umgebracht
Den, dem ihr offt vorhin, meineydige! geschworen.
Was habt ihr wider den vor waffen nicht erkohren,
Der ungewaffnet gieng! Mag dieser grausamkeit
Was zuvergleichen sein? Ihr habt die große zeit,
In der sich gott uns gab, mit fürsten mord entweyet,
Und in den heilgen ort, der schuldige befreyet,
Unschuldig blut gesprützt. Wer ietzund zweiffeln kan,
Ob ihr noch christen seyd, schau in dem tempel an
Den gantz zustückten leib, der auf dem kreutze lieget,

An welchem Jesus hat der höllen obgesieget,
Des herren wahres fleisch, das ihr mit blut besprengt;
Sein blut, das ihr mit blut des kaysers habt vermengt.

2. VERSCHWORENER.
Es liegt nicht dran, wie, wenn und wo man bösen steure.

THEODOSIA.
Ein mensch macht unterscheid, nicht ihr, ihr ungeheure!

1. VERSCHWORENER.
Man strafft die schuld mit recht.

THEODOSIA.
Wer gibt euch diese macht?
Ein fürst fällt dem allein, der in den wolcken wacht.
Der in den thron uns setzt, kan aus dem thron uns bannen.

2. VERSCHWORENER.
Der minste von dem volck ist hals-herr des tyrannen.

1. VERSCHWORENER.
Der höchste führt sein recht durch menschenarme aus.

2. VERSCHWORENER.
Und stürtzt durch menschen um tyrannen und ihr haus.

THEODOSIA.
So kan man sonder müh ein schelmenstück verblümen!

1. VERSCHWORENER.
Nennt man ein schelmenstück, was tausend seelen rühmen?

THEODOSIA.
Und zehnmal tausend schmehn?

2. VERSCHWORENER.
Weist du, wem du diß sagst?

THEODOSIA.
Dir, der du mit dem mord gott zu gericht austagst.

1. VERSCHWORENER.
Dein leben, blut und tod beruht in diesen händen.

THEODOSIA.
Drum eilt, das jammer-spiel mit unserm tod zu enden!

2. VERSCHWORENER.
Der muth, der eh man ernst verspüret, hefftig groß,
Sinckt, wann noth einbricht, hin.

THEODOSIA.
Stoß zu! die brust ist bloß.
Meynt ihr, dass Leo tod? Er lebt in diesem hertzen
Und ruffet rach aus uns. Wir sind durch seine schmertzen,
Durch seine wund entleibt. Sein geist ist, der uns regt,
Der athem schöpfft in uns, der diese faust bewegt,

Der in den adern schlägt. Kommt! öffnet ihm die thüre,
Den kercker, dieses fleisch, dass er uns mit sich führe!
Doch braucht dasselbe schwerdt, das durch sein hertze gieng,
Als sein zustückter arm den grausen tod umfieng!
Nichts schöners, als wenn zwey so fest verbundne seelen
Auf eine zeit und ort ziehn aus des leibes hölen.

1. VERSCHWORENER.
Nachdem die helden-faust den löwen hingericht,
Vor dem die welt erbebt, acht man der hunde nicht.
Auch soll kein frauen blut den schönen stahl beflecken,
Den ins tyrannen brust die werthe nacht hieß stecken.

2. VERSCHWORENER.
Ein ander tödte dich! Diß ist uns mehr denn viel,
Dass dein bestürtzter geist den tag nicht schauen wil.
Es ist uns mehr denn viel, dass wir dich tödten können
Und doch (was du dir selbst missgönnst), das leben gönnen.

THEODOSIA.
Barmhertzig grausam sein! geschmünckte tyranney!
Mit gold verdecktes gifft! gelinde barbarey!

1. VERSCHWORENER.
Folg uns!

THEODOSIA.
Wo gehn wir hin? Welch elend ist verhanden?
Was hat man mit uns vor? Schleußt man mit kett und banden
Die zarten glieder ein? Stellt man der tollen schaar
Des pöbels diesen hals zu einem opffer dar?
Komm angst, wie groß du bist! und eile, dieses leiden,
Den kummer-vollen rest des lebens abzuschneiden!
Ade, beherrschtes reich! Ade, besessner thron!
Ade, verlohrner hof! Ade, geraubte cron!
Ade, du pracht der welt! Ade, verwirrtes leben,
Das überzuckert gifft, beperltes creutz umgeben!
Palläste voll von angst! Ihr scepter, schwer von weh!
Du purpur, roth von bluth! wir scheiden hin, ade!

Der dritte eingang.

Michael. Der ander und erste hauffe der verschworenen,
Theodosia. Die leiche Leonis.

Ihr gebt denn mir anietzt licht, freyheit, seel und leben!
Ihr gebt denn mir mich selbst; was werd ich wieder geben?

Ich der aus tod und grufft und angestecktem brand,
Und was mehr schrecklich ist, aus des tyrannen hand
Durch eure treu erlöst, den großen thron besteige
Und der bestürtzten welt mit meinem beyspiel zeige,
Dass freundschafft über cron, lieb über scepter geh,
Dass ein verhasster fürst auf trübem sande steh.
Er ligt denn, der mich stieß, ich herrsch in diesen ketten,
In welchen ich den stuhl gedencke zu betreten,
Aus dem der löw gestürtzt. Wie werd ich diesen muth
Belohnen, der vor mich das unverzagte blut
In höchste noth gewagt? Werd ich wol etwas finden,
Das kräfftig mich und euch noch stärcker zu verbinden?
Doch, ob der arm zu schwach, glaubt, dass die große welt,
Die ihr aus schwartzer angst in göldne freyheit stellt,
Glaubt, dass das weite reich, das ihr in wenig stunden,
Doch durch nicht wenig stärck auf ewig euch verbunden!
Glaubt, dass wer hier und dar biss auf die edle nacht
In kercker, in metall, in felsen schier verschmacht,
Glaubt, dass wer nach uns soll ans licht gebohren werden,
Euch, helden! rühmen wird! Ja wenn der kreyß der erden
In flammen nun vergeht, wird eure trefligkeit,
Bekrönt mit steter ehr, verlachen tod und zeit.

THEODOSIA.

Ach brunnquell unser angst!

MICHAEL.

Ha! wittwe des tyrannen!
Eur grausamst-raue macht, eur brennen und verbannen
Verbannt sich nunmehr selbst.

THEODOSIA.

Diß ist noch unerhört,
Dass einer, der so hoch erhaben und geehrt,
Dass einer, dem so offt so hohe schuld vergeben,
Den wir zu unserm tod erhalten bey dem leben,
Uns grausam schelten soll! Doch haben wir erweist
So viel, dass wer nur ist, mit recht uns grausam heißt,
Indem wir dir so weit die zügel lassen schießen
Und aus der flamme dich, die du verdient, gerissen!
Hat unsre grimme faust das scharffe schwerdt gewetzt,
Das dein blutgeitzig arm an unsre gurgel setzt?
Der ist, es ist nicht ohn, der grausamst auff der erden,
Der durch mitleiden muss sein eigner hencker werden.

MICHAEL.
So fällt, wer gruben macht vor ander, selbst hinein.
THEODOSIA.
So kriegt man hohn vor gunst, vor wolthat schmertz und pein.
MICHAEL.
Man kriegt, was man verdient: schwer' angst vor schwere sünden.
THEODOSIA.
Wol! so wird mit der zeit dich auch die rache finden!
MICHAEL.
Wer, was nicht unrecht, thut, schrickt vor der rache nicht.
THEODOSIA.
Ists recht, dass man den eyd und fürsten hälse bricht?
MICHAEL.
Wann fürsten selbst voran den hohen eydschwur brechen.
THEODOSIA.
Stieß ie der käyser um sein fest-betheurt versprechen?
MICHAEL.
Das weist sein leben aus und sein erschröcklich end.
THEODOSIA.
Erschröcklich, nicht durchs recht, nur durch der mörder händ.
MICHAEL.
Das recht ist vor das volck, auf fürsten schleifft man degen.
THEODOSIA.
Die werden über dich zuletzt auch urtheil hegen.
Besteig mit diesem wunsch den offt gesuchten thron!
Nimm die durch list und blut und mord erworbne cron!
Uns ist der hof bekandt, das unrecht der palläste,
Die missgunst, falsche treu und die verfluchten gäste,
Der fürsten müh und furcht. Erheb dich, trotz und nag',
Streich, rase, tödt und stoß, biss deine stunde schlag!
Erheb die neben dich, so unser blut gefärbet,
Die größer ehr und glück durch unsern fall geerbet!
Erheb, was meyneyd mehr als redligkeit geliebt!
Was sich in fürsten-mord so meisterlich geübt!
Was mächtig, kirch und hof und kercker zu erbrechen!
Und wetz ein schwerdt, das dir noch wird die brust durchstechen!
MICHAEL.
Was künfftig, siehst du, nicht dein ietzt vorhandne noth.
THEODOSIA.
Die deiner trübsal rufft.
MICHAEL.
Du ringst nach deinem tod,

Der vor der thüren wacht.
THEODOSIA.
Wir bitten um das leben,
Das du uns schuldig bist. Heiß schwerdt, heiß dolchen geben
Und enden unsre quaal! Versichre deine macht!
Beweise, was du kanst! Vergönne, dass die nacht
Mit steter finsternis mein ewig leid bedecke!
Vergönne, dass man die in eine grufft verstecke,
Die eine lieb, ein eh, ein thron, ein reich, ein stand,
Ein hertz, ein geist, ein fall, ein untergang verband!
MICHAEL.
Was nützt dein tod?
THEODOSIA.
Dein tod soll, (leb ich) von mir kommen.
MICHAEL.
Die natter dräut umsonst, der haupt und gifft benommen!
Geh hin! ich bin nicht der, der die zu tödten denckt,
Die mir (so wie sie rühmt) das leben hat geschenckt.
THEODOSIA.
Diß ubel ist nunmehr nicht möglich zu ertragen,
Dass man nach so viel angst uns wil den tod versagen.
Was hofft die auf der welt, die diß nicht haben kan,
Was man den feinden giebt? Ihr menschen, schaut uns an!
Ihr geister, hört uns zu! Die, als das licht erblichen,
Die eh, als mitternacht die erden hat beschlichen,
Der großen welt gebot, als eine göttin pflag,
Die findt sich, eh die zeit den nunmehr nahen tag
Die sonnen grüßen läst, veracht, verlacht, verhöhnet,
Verworffen, abgestürtzt, mit ach und angst gekrönet.
Die lernt, wie nahe höh und fall beysammen steh,
Wie wenig zwischen stuhl und kercker zeit vergeh.
Die iedermann gebot, die bittet, doch vergebens
Um ende, nicht der last, nur des bestürtzten lebens!
Wen schleifft die grimme schaar? O jammer! ist es der,
Der dieses reich beherrscht? Welch abgrund, welches meer
Der schmertzen schluckt uns ein! Was können wir erkennen,
Das nicht zuschlagen sey? Ist hier ein glied zu nennen,
Das nicht das schwerdt zustückt? Wo ist sein schönes haar,
Das mit besteintem gold noch erst umwunden war?
Wo ist die starcke hand, die schwerdt und scepter führte?
Die brust, die blancker stahl so wohl als purpur zierte?
Weh uns! wo ist er selbst? Schaut, sein nicht schuldig blut,

Gereitzt durch unser angst, sprützt eine neue fluth
Durch alle wunden vor! Sein blut rufft emsig rache,
Ob seine lippen stumm. Sein blut thut eurer sache
Mordgierig unrecht dar.

MICHAEL.

Reißt den tyrannen hin!

THEODOSIA.

Reißt uns mit ihm! Die leich und kett ist mein gewinn.
Setzt spieß und sebel an! braucht flamm' und grimme waffen!
Wir wünschen (lasst uns hier!), wir wünschen zu entschlaffen
Auf dem erblassten mund, auf der geliebten brust.

MICHAEL.

Reisst ihr die leichen aus!

THEODOSIA.

Wo sind wir? Was für lust
Empfinden wir anietzt? Der fürst ist nicht erblichen.
O freud! er lebt! er lebt! Nun ist diß leid gewichen!
Er wischt die thränen selbst uns ab mit linder hand.
Hier steht er! Er ergrimmt und schüttert schwerdt und brand
Auf der verräther häupt.

1. VERSCHWORENER.

Der schmertz hat sie bezwungen.
Sie raast vor höchster angst.

THEODOSIA.

Mein licht! es ist gelungen.
Die mörder sind erwürgt. Er beut uns seinen kuss.
O unverhoffte wonn! O seel-erquickend gruß!
Willkommen werther fürst! Beherrscher unsrer sinnen!
Gefährten! traurt nicht mehr! er lebt.

MICHAEL.

Schafft sie von hinnen!
Wir eilen nach der kirch. Entdeckt dem gantzen stat
Den fall der tyranney! berufft den großen rath!
Ich wil, dass mich anietzt in beyseyn meiner söhne
Und eurer gegenwart der patriarch hier kröne.
Nimm du die burg in acht! Sagt ihr dem läger an,
Was nöthig! Ihr macht fest, was uns noch hindern kan.
Ich bin, der, was uns feind, verdruck und freund erhebe.
Versichert euch diß fest!

DIE VERSCHWORENE ALLE.

Der käyser herrsch und lebe!

Ende.

Erklärung.

1 V. 53. Michael Curopolates, mit dem zunahmen Rangabe, käyser Leonis vorsass. Besiehe Cedrenum und Zonaram!

2 V. 64. Sein sohn Theophilact, welchen Leo Armenius verschneiden lassen.

3 V. 73. Michael hat Sabbatium, Basilium, Gregorium und Theodosium, Leonis söhne, aus dem hoffe gestoßen und alle verschnitten nach der insel Prote verschicket. Zonaras.

4 V. 491. Von zähmen schlangen redet weitläufftig Casaubon über die worte Svetonii im LXXI capitel seines Tiberius: Erat ei in oblectamentis serpens draco, und noch heute sind dieselben den Africanern nicht fremde.

5 V. 515. Der mutter Leonis kam traumend vor, als wäre sie in der kirchen der gottes-gebährerin zu Blacherne und sehe in derselben eine frau, welche etliche jüngling in weißen kleidern begleiteten, auch dass der bodem der kirchen mit blut überschwemmet, von welchem gedachte frau eine schalen zu füllen und des käysers mutter zu überreichen befahl. Welches, als sie mit entsetzen ausgeschlagen, sprach gedachte durchläuchtige frau: Pfleget doch dein sohn, die so mich ehren mit blut zu füllen und verstehet nicht, dass er gott und meinen sohn zu zorn bewege? Zonaras.

6 V. 572. Jacobus de Beaune, unterschiedener könige in Franckreich gewesener rath, als er in dem LX. jahr seines alters durch des henckers hand sterben muste, schloss sein leben mit diesen worten: Mir geschiehet gar recht, weil ich so lange jahr nur menschen gedienet. Ich zweiffel gar nicht, dass ich weit mehr erhalten hätte, wann ich nur ein jahr allein dem herren des himmels gedienet.

7 V. 283. Den käyser Mauritius dünckete, als stünde ein großer hauffen volcks um das bild unsers erlösers, welches über dem ehrnen thor, und schrye wider den käyser; auch gebe das bild eine stimme von sich, welche den Mauritius erscheinen hieße und bald auf seine vorstellung ihn fragte, ob er die begangene unthat gegen die gefangenen in diesem oder künfftigem leben zu büßen begehrete. Welcher sich denn mit solchen worten erkläret: In diesem leben, güttigster herr! auch darauf eine andere stimme gehöret, welche befohlen, ihn mit seinem gantzen geschlecht dem Phocas zu überliefern. Cedrenus

in Maurit. Zonaras in Maurit. Theophilactus Simocatta in dem leben Mauritii und andere.

8 V. 76. Sonsten gynmosophista, von welchen Plinius in dem 2 capitel des 7 buchs, Cicero in dem 5 buche seiner tusculanischen fragen, Philostrat. in seinem werck hin und wider, Augustinus in dem 15 buch von der stadt gottes, und viel andere.

9 V. 81. Von der juden verbotenen opffern haben unterschiedene weitläufftig geschrieben. Ich wil zu besserem nachricht nur einen ort aus dem Jalkut hieher setzen, durch welchen die wort des 7 capitels Jeremiä erkläret werden. Molech war ein bild, dessen angesicht als eines kalbes, die hände aber ausgestreckt als eines menschen, der die hände öffnet, um etwas zu empfahen, inwendig ausgehölet. Diesem sind sieben capellen auffgerichtet gewesen, vor welche gedachtes bild gesetzet wurd. Wer einen vogel oder junge taube opfferte, gieng in die erste capelle; wer ein lamm oder schaff, in die andere; wer einen widder, in die dritte; wer ein kalb, in die vierdte; wer einen jungen ochsen, in die fünffte; wer einen ochsen, in die sechste; wer letzlich seinen eigenen sohn opfferte, nahm die siebende ein; dieser küssete den Molech, wie dort stehet. ןוקשי םילגע םדא יחבז םירמא םה םהל Hoseä 13. Der sohn wurd vor den Molech gesetzet, Molech aber von unten mit untergelegtem feuer erhitzet, biss er so glüend wurd, als ein licht. Denn nahmen die priester das kind und legeten es in die glüenden hände des Molech, und damit die eltern das winseln und heulen des kindes nicht höreten, schlugen sie auf der drummel; dannenher ist dieser ort genennet תפת nemlich von םיפת welches drummeln heisset: der thal aber םנה, weil die stimme des knabens םהג oder brüllend war, oder auch weil die dabey stehende pfaffen zu sagen pflegen ךל הנחי: es wird dir nützlich sein. Von diesem bilde des Molechs handelt weitläufftig. Kircherus (Edipi tom. I syntag. IV oder panth. Hebræor. da er auch s. 334 solches entwirfft und statt dieser sieben capellen sieben fenster recht auf die brust dieses bildes setzet. Man bedencke aber, ob es möglich gewesen, auf ein so hohes gantz glühendes bild bequem zu steigen, und ich wil nicht sagen ein kind oder kalb, sondern einen gantzen ochsen bequem und sonder große gefahr hinein zu stoßen. Wie groß müsten diese fenster sein! Was vor eine abtheilung des gantzen bildes, welch ein feuer würde erfordert, solchen zu erhitzen! Welche staffeln, solches mit einem gantzen ochsen zu besteigen! Besiehe von dem Molech den hochberühmten Seldenum de diis Syris.

10 V. 109. Besiehe, was Seldenus, Kircherus und die commentatores von denen teraphim erinnern! Eigentlich solte ich derer meinung nach geschrieben haben: abgewunden oder abgekniffen haupt. Ich habe aber allhier vornehmlich gesehen auf jenes abgehauene haupt, welches in »Bodini dæmonomania auf dem geweyheten oblat« vim patior schreyet. Weil das buch in aller händen, unterlasse ich solche schreckliche geschichte hieher zusetzen. Was ferner vor zeiten durch solche opffer gesuchet, wie auch was von derogleichen erscheinungen und weissagungen zu halten, haben sich viel zu erklären bemühet. Unsere meynung führen wir weitläufftiger aus in unserm bedencken von den geistern, welche wir mit ehesten, da gott wil, hervor zu geben gesonnen.

11 V. 178. Als Theophilus (Michaelis sohn) zu dem regiment kommen, hat er nichts mehr ihm angelegen seyn lassen, als diese, welche seinem vater zu dem käyserthum behülfflich gewesen und den Leo erwürget, an dem leben zu straffen. Und damit keiner aus denselben verholen bliebe, hat er in dem gantzen in dem hoffe zusammen beruffenen rath vorgegeben, dass er seines vatern befehl zu vollziehen gesonnen. Denn nach dem selbiger die, die ihm zu erlangung der herrschafft gedienet, nach würden zu belohnen begehret, hätte ihm der mangel der zeit seinen vorsatz auszuführen in dem wege gestanden, weil ihn zu erst der krieg, denn kranckheit und endlich der tod verhindert. Derowegen er ihm befohlen, solche schuld willig und freygebig abzuzahlen. Deshalben ermahnete er dieselben, welche seinem vater in hinwegräumung des Leonis beygestanden, dass sie sich von den andern absondern solten. Sie, welche diese list nicht begriffen, traten auf eine seiten und meldeten öffentlich, sie wären diese, die seinem vater geholffen. Er aber legete bald die larve seines verstellens hinweg und sprach: Warum habt ihr hand an den gesalbten des herrn geleget und seyd nicht nur zu todschlägern, sondern auch zu vatermördern an eurem käyser worden? Wandte sich auch bald zu dem oberhauptmann und befahl, sie hinzuführen und nach dem verdienst abzustraffen. Zonaras in dem III theil in der regierung Theophili. (Lib. XV, cap. 25.)

12 V. 38. Michael hat Theodosiam in ein kloster verstoßen.

13 V. 79. Von diesem des käysers singen reden Zonaras und Cedrenus ziemlich hönisch. Der anfang des lieds, mit welchem der tumult sich erhaben, sol dieser gewesen seyn:

ΤΩ ΠΑΝΤΑΝΑΚΤΟΣ ΔΙΕΦΑΥΛΙΣΑΝ ΠΟΘΩ.

Sie haben alle pracht
Der großen welt veracht
Aus liebe nur dem höchsten zu gefallen.

Biographie

1616	*2. Oktober:* Andreas Gryphius (eigentlich Greif) wird im protestantischen Glogau als Sohn eines evangelischen Archidiakons geboren.
1621	Der Vater Paul stirbt. Gryphius besucht das Glogauer Gymnasium.
1631	Wechsel auf das Gymnasium in Görlitz.
1632	*3. Juni:* Gryphius wechselt erneut die Schule und besucht das Gymnasium von Fraustadt. Durch Schulreden und als Schauspieler auf der Schulbühne macht er auf sich aufmerksam.
1633	Seine erste lateinische Dichtung entsteht.
1634	Er schreibt sich am Akademischen Gymnasium in Danzig ein. Gryphius' Mäzen Georg von Schönborn verleiht ihm Adelstitel und Magisterwürde und krönt ihn zum Poeten.
1636	Gryphius wird Hauslehrer beim Hofpfalzgrafen Georg Schönborner in Schönborn bei Freistadt.
1638–1644	Gryphius hält an der Universität Leiden Vorlesungen und lernt im Hochschulbetrieb herausragende Gelehrte wie etwa den Philologen und Juristen Salmasius kennen.
1649	Januar: Er heiratet Rosina Deutschländer. Berufungen als Professor nach Frankfurt/Oder, Uppsala und Heidelberg lehnt er ab.
1650	Gryphius wird Jurist bei den Glogauer Ständen. In Glogau entstehen auch die meisten seiner Trauer- und »Freuden«-Spiele. Zudem überarbeitet er seine dichterischen Texte für Sammelausgaben.
1662	Gryphius wird mit dem Beinamen »Der Unsterbliche« in die Fruchtbringende Gesellschaft aufgenommen. 1664 *16. Juli:* Gryphius stirbt in Glogau.

Made in the USA
Lexington, KY
05 October 2016